餃子女子

No Gyoza, No Life!

玉城ちはる 著
Chiharu Tamaki

Rutles

はじめに

　子どものころ、父はいつも中華料理というと広島の西條にある『長城飯店』というお店に連れて行ってくれました。それが私と水餃子との出会いです。そのお店は中国の方がオーナーで、もちろん料理人も中国の方。私にとっての餃子は、いわゆる本場の味というのでしょうか、皮が厚くてモチモチで、肉汁たっぷりでスープが口の中にあふれ、肉と白菜の甘みが広がる水餃子。父が亡くなってからは、お店に行くことも少なくなり、いまではそのお店もなくなってしまいました。東京に住むようになってからも、たまらなく水餃子を食べたくなるときがありました。しかし、焼き餃子のお店はたくさんあるのですが、水餃子がメニューにあるお店が少なく、気がついたら、探して食べ歩くようになっていました。歌手という職業柄、コンサートで全国各地に行くことが多いのも、私の食べ歩きに拍車をかけ、どこへ行っても地元の名産よりも「美味しい餃子のお店はないですか？」と訊くようになりました。最初は完全に「水餃子女子」だったのですが、食べ歩くようになり、焼き餃子や、スープ餃子、揚げ餃子の美味しさにも惹かれるように。今回の本に紹介させていただいたお店は私が「美味しいな」と思ったお店はもちろん、お酒が大好きな私が「居心地がいいな」と思ったお店や「店主と話して欲しい」と思ったお店なども載っています。この本を手に取ってくれた人が、全国各地の餃子を味わうだけでなく、お店それぞれのヒストリーや店主の人柄、お店の雰囲気も味わってもらえたら嬉しいです。

餃子女子
Contents

玉城ちはる おすすめの餃子

北海道
またたび餃子 …… 6
中国料理 聚宝 …… 8
餃子 すぐるや …… 10
餃子茶屋 あおぞら銭函3丁め …… 12

仙台
アップル …… 16
仙台餃子 風泉 …… 18
きしや …… 20
仙台餃子酒場 …… 22
伊達餃子楼 …… 24

宇都宮
和の中 …… 28
宇都宮ねぎにら餃子 …… 30
めんめん …… 32

東京
あぶら〜亭 本店 …… 40
琉球チャイニーズダイニング TAMA 渋谷店 …… 42
くるみ屋 dining …… 44
白龍トマト館 …… 46
老辺餃子館 新宿本店 …… 48
味坊 …… 50
金春本館 …… 52
新雪園 …… 54
餃子坊 豚八戒 …… 56
神田餃子屋 …… 58
神楽坂 芝蘭 …… 60

神奈川
翠葉 本店 …… 72
粥菜坊 …… 74
本格水餃子専門 瓦奉店 …… 76

静岡
田舎家 いしだ …… 82
頂好 支店 …… 84

浜松
餃子の砂子 …… 86
ぎょうざのカネ藏 …… 88
石松餃子 本店 …… 90

大阪
ダオフー …… 96
黒豚餃子と酒菜厨房 どば屋 …… 98

広島

餃子家 龍 ⋯⋯ 102
餃子センター ⋯⋯ 104
むしゃしない ⋯⋯ 106
がんぼ ⋯⋯ 108

福岡

炭火やきとり TAN ⋯⋯ 112
蘇州 県庁前店 ⋯⋯ 114
もつ幸 ⋯⋯ 116
池田屋 ⋯⋯ 118
ぎょうざ一番 ⋯⋯ 120
餃子李 ⋯⋯ 122

おすすめ餃子 語り

yuka ⋯⋯ 14
Tae-chu ⋯⋯ 15
名護ひとみ ⋯⋯ 26
Djkei 菊池元夫 ⋯⋯ 27
サトウヒロコ ⋯⋯ 34
大石由梨香 ⋯⋯ 39
塩澤香織 ⋯⋯ 81
etto-etto ⋯⋯ 100
一文字 弥太郎 ⋯⋯ 101
balconny ⋯⋯ 110
Sakiko／佐藤ともやす ⋯⋯ 111

美味しい餃子をつくる名店が教える
プロのワザ！ ⋯⋯ 35

かわいいアレンジ餃子をつくろう ⋯⋯ 62

餃子をもっと美味しくする
魔法のタレ8種 ⋯⋯ 65
かわいい餃子になる
いろいろな包み方 ⋯⋯ 68
あまった皮をデザートに
スイーツな餃子 ⋯⋯ 70

餃子パーティのすすめ ⋯⋯ 78

ここだけ
餃子女子トーク
（ビール付き）⋯⋯ 92

お取り寄せ
餃子女子会へようこそ ⋯⋯ 124

おすすめの餃子店にある QR コードは、スマートフォンで読み込むと Google マップでお店の場所が表示されます。
※通信にかかる費用は、利用者の負担になります。

\File no.01/

北海道 # またたび餃子
またたびぎょうざ

皮がパン生地
でできてる！
そんな餃子
初めてぇ〜♪

北海道

店名は、旅人がまたたびの実を食べて疲れを取り、また旅に出ることができた、という由来から。そんなお店にしたいという思いが込められています。店内には、畳のお座敷もあって、まさしく旅人だった私は、ほっとひと息つけました。

お店の名物は、店名を冠したまたたび餃子。皮にパン生地を使ったまたたび餃子は、日本全国のいろいろなソースで食べることができます。甘めでドロッとした濃厚なものから、さっぱりしたものまで、お店に用意されたソースはなんと40種類。すべてのソースを味わい尽くすまで、何年も通えそう。粗びきの三元豚を使った水餃子は、肉の存在感たっぷりで、とてもジューシー。餅粉を使った皮はもちもちとして餡の旨味をぎゅっと抱きしめていました。

肉は粗びき三元豚！

01 ビールは自分でサーバーから注げて楽しい
02 三元豚の甘みがじゅわ〜っと口中に広がる焼き餃子
03 薩摩知覧鶏を使った地鶏の水餃子。手羽と皮の歯触りがたまらない。柚子胡椒との相性も抜群

なんとソースが40種類

04 まるで隠れ家のようなお店。階段を上るとそこには旅人を待っている入り口が……　05 店内に置かれた日本中のソース。自分好みの味を見つけるのも楽しみ

またたび餃子(ぎょうざ)

北海道札幌市中央区南4条西1丁目5-5-2F

011・261・7028

18:00〜翌6:00 (L.O 翌5:30) (月曜〜土曜)
18:00〜0:00 (L.O 23:30) (祝日)

日曜定休

http://ogacorp.com/restaurant/matatabi.html

・またたび餃子
・水餃子 三元豚
・水餃子 地鶏

\File no.02/

北海道 中国料理 聚宝
ちゅうごくりょうり しゅうほう

パリッパリの
羽根つき餃子
香ばしくって
とても美味！

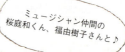
ミュージシャン仲間の
桜庭和くん、福由樹子さんと♪

北海道

中国から日本に来て22年という、とっても美人で、おしゃべりが楽しいママのお店です。お昼も、近所の奥様がカウンターで中華料理を食べながら、楽しそうにママとおしゃべりをしています。
「焼き餃子自体には味がしっかりついているから何もつけないで食べてほしい」とママ。確かに、餃子を口にすると、タレをつけなくても美味しい。これが本場の餃子の証なのだそう。
餃子の餡には、春雨や、油揚げといった、餃子には珍しい具材が入っています。驚いたのは、炒り卵が入っていること。炒り卵の食感が絶妙です。ラム肉と人参の焼き餃子は、臭みもなくさっぱりとして、癖になりそう。おしゃべり好きなママと楽しい夜が更けてゆきました。

01 本場中国の味の水餃子!厚めの皮がとっても美味しい　02 水餃子は醤油ではなく、お酢をつけてさっぱりといただくのがおすすめ

03 赤い柱やドアが目を惹く外観。店内も中国を思わせる雰囲気
04 おしゃべり好きなママが餃子のことをたくさん教えてくれた

ちゅうごくりょうり しゅうほう
中国料理 聚宝

- 北海道札幌市白石区川下2条4-2-17
- 011・875・6684
- 11:30〜15:00(月曜〜金曜)
  17:00〜22:00(月曜〜金曜)
  11:30〜22:00(土・日・祝日)
- 火曜定休
- ・豚肉白菜の焼餃子
  ・水餃子

\File no.03/

北海道 餃子 すぐるや
ぎょうざ すぐるや

はしご酒を
したときは
いつも同じ
ここの水餃子

北海道

　路地の奥にあって、知る人ぞ知る、という雰囲気がたまらないお店。札幌で飲むときは、いつもここに通っています。
　オープンから18年、お店の壁には、餃子のメニューしかありません。
　「ここは3軒目に来る店。ラーメンはもう食べられないけど、ここの餃子で〆る」そういう人が多いのだそうです。
　確かにここの水餃子は、まるでお茶漬けのようにさらさらといけます。出汁にのりと大根おろし、甘みのあるお酢が、酔った体をすっきりさせます。
　でも、個人的にイチオシなのは、「華麗なる餃子」。カレー味の餡だけど、いわゆる変わり種のカレー味の餃子とは全然違う。ここでしか食べたことのない、独特のカレー味の餃子です。

注文されてから
つくるよ

01 焼き餃子を口にすると、長ネギやショウガの歯触りと同時に五香粉の香りが口に広がる　02 注意書き。餃子は注文を受けてから皮を包む　03 店主が餃子を包むのを、お酒を飲みながら、静かに待つ

さっぱりした
水餃子

04 水餃子をほおばって、じゅわ〜っと口の中に広がる肉汁を楽しんでいるときが一番しあわせ

餃子 すぐるや

北海道札幌市中央区南6条西3-6-16
ニュー公楽1F

011・512・1001

19:00〜翌2:00(L.O)

日曜・祝日定休

https://twitter.com/gyaoser

・焼餃子
・にんにく入り焼餃子
・水餃子
・華麗なる餃子

\File no.04/ 餃子茶屋
北海道　**あおぞら銭函3丁め**
ぎょうざちゃや　あおぞらぜにばこさんちょうめ

ほんのり香る
餡は梅酒入り
皮はもちもち
本当に美味！

北海道

自動車でなければ行けないので、北海道に来るたび、レンタカーを借りてでも通っているお店です。いつ来ても20分は並ばないとお店に入れませんが、それでもジャンボ餃子と水餃子をほおばったときの幸せを思うと、苦になりません。

餡には日本酒ベースの梅酒がほんのりと効いていて、口に含むと甘い香り。そして、モチモチの皮。ここのお店の餃子は、皮が本当に美味しいのです。毎朝6時から、すべて手作業で餃子を包むという奥さんの手にはタコができていました。

北海道には珍しい餃子専門店。しかも郊外にありながら、常に大行列の人気店です。レトロモダンな店内もおしゃれで、デートでも大丈夫。レンタカーでわざわざ来るだけの価値があるお店なのです。

ラー油だけで食べます

01 ボリュームたっぷりのジャンボ餃子。ぎっしり餡が詰まっているので、かなり食べ応えがある 02 餡には味がついているので、タレなしでOK 03 私のおすすめの食べ方は、ラー油だけをつけること

04 駅から距離があるので、自動車必須。それでも行列が絶えない
05 店内はレトロで落ち着いた雰囲気。餃子以外のメニューも充実

餃子茶屋 あおぞら銭函3丁め

北海道小樽市銭函3-509-6
0134・62・6606
11:00〜16:00（火曜日）
11:00〜20:00（水曜〜日曜）
月曜定休
http://aozoragyouza.web.fc2.com/

・ジャンボ餃子
・3粒餃子
・一口餃子
・水餃子
※通信販売あり

北海道

おすすめ餃子 語り

ラジオDJ **yuka** さん

おしゃれなピアノの発表会で「餃子が大好物」と紹介してもらうほど、昔から餃子が大好きです。ほかの人と少し違うかもしれませんが、好みは「もちもち」。これです！『聚宝』さんの小麦粉と水だけで手づくりされる皮は厚めで、水餃子は最高のもちもち感！ 餡の肉汁ともちもち皮のコラボも素晴らしく、1つ食べたが最後、ハシが止まりません。そして、焼き餃子の羽根の美しさも見逃せません。パリ！という音は必聴です！

手作りの皮の水餃子は最高のもちもち感！

YUKA

おすすめのお店

File no.02
聚宝
P.8

ゆか　テレビレポーターを経て、ラジオDJとして活動中。カフェ巡りをする一方で、ロックライブやウィンタースポーツを楽しむなど意外にアクティブ。担当するラジオ番組は『Magic_Friday:-)』(north wave　金11：00〜16：00)、『RockTube』(north wave　木22：00〜23：00) など。

おすすめ餃子 語り

ミュージシャン **Tae-chu** さん

もちもちとした皮の食感、あっさりとした味、そして食べやすいひと口サイズのおかげで、何個でも食べられます。小さいころは、それほど餃子が好きではなかったのですが、きしやさんの餃子は、さまざまな種類があって、特にピザ餃子はまるでおやつのように食べられます。おかげで、餃子のイメージがすっかり変わりました。いまでは餃子が大好きです。そのきっかけをつくってくれたのが、きしやさんの餃子です。

もちもち、あっさりで何個でも食べられる！

おすすめのお店

File no.07
きしや
P.20

たえちゅー Tae（Vo）とヨースケ（Key）によるポップスユニット。地元のキー局である Date fm や TBC 東北放送など多くのメディアに取り上げられ、好評を博す。宮城県亘理町の FM あおぞらで『Tae-chu に夢中』（毎月第1土15:00～16:00）を放送中。Web サイト http://tae-chu.jp

\ File no.05 /

仙台 **アップル**
あっぷる

> 仕事帰りに
> 餃子とビール
> これが最高に
> 楽しいお店

仙台

　アップルは、地元の人々に愛され続けて43年になる老舗の餃子屋さん。戦後すぐの仙台市内には、餃子のお店は2軒しかなかったそうです。そこで宇都宮で餃子の修行をし、お店を出したのが28歳のとき。「うちの子供たちは餃子で育ったようなもんだよ」と白髪のお父さんは懐かしそうに話してくれました。

　居心地のよいお店には、いつものように常連のお客さんがやって来て、「焼き2、水1ね」と注文。常連さんの頼み方はだいたい決まっているのだそう。小ぶりで懐かしい味がする餃子は、ビールと相性抜群。よく練り合わせた豚肉とキャベツの餡は、舌触りがさらっとしています。仕事帰りのサラリーマンがほっとひと息ついていく、そんなオアシスのようなお店です。

01 小ぶりの餃子はカリッとするまで、よく焼いて仕上げる　02 水餃子はお湯に浸かって出てくる。ここに酢醤油とラー油を入れて食べる

03 油がよく染み込んだ愛用の鉄鍋で餃子を焼き上げる　04 地元の人たちに長く愛されている理由は、お父さんに魅力があるから

アップル
宮城県仙台市青葉区立町6-19
022・261・6632
17:00～23:00（月～土）
17:00～22:00（日曜日）
祝日定休
・焼き餃子
・水餃子
・餃子鍋（冬季限定）

\File no.06/

仙台

仙台餃子 風泉
せんだいぎょうざ　ふうせん

こだわりの
もちもち皮！
この弾力に
ハマりました

仙台

　初めて食べた風泉の餃子は、お取り寄せでした。もちっとした皮に、私はすぐにハマりました。ハマるのも当然。この皮は、一度こねたあとに一日寝かせて、再度こねるという、とても手間のかかったものだったのです。
　研究熱心なご主人は、餡にもこだわっています。甘みを出すために玉ネギ、香り出しに長ネギ、歯触りを楽しめるように、大きさを変えて切ったキャベツを入れるなど、さまざまな工夫をしています。肉の存在感を出すために、豚肉もあえて粗びきにするこだわりようです。
　季節の野菜を使った餃子をつくったり、餃子ごとにタレを変えたりと、ご主人のこだわりがすごいです。このこだわりをぜひ、味わってください。

01 にんにく餃子には、通常の5倍の量のにんにくが入っているのでご注意　02 水餃子には、焦がした豆板醤に胡麻油で炒ったネギを加えた専用のタレで

秘伝のタレがぴったり

03 カリっと音がするくらい、焼いてあって香ばしい
04 炒ってすり下ろした胡麻やクルミ、仙台味噌などを合わせた、甘辛いタレが焼き餃子に合う

せんだいぎょうざ　ふうせん
仙台餃子 風泉

宮城県仙台市若林区沖野3-19-35
022・762・7536
11:00〜23:00
不定休（月に2回程度）
※ホームページ等でご確認願います

http://sendai-sakura.net/gyouza/

・風泉餃子　・青餃子
・激烈！にんにく5倍餃子
・爆裂！にんにく10倍男前餃子
・揚げ餃子
・手作り水餃子 ほか
※通信販売あり

http://fusen.ocnk.net

\File no.07/

仙台 **きしゃ**
きしゃ

愛されて36年
食べ継がれた
懐かしい味が
魅力です！

仙台

　36年間変わらない味を守るお母さんに対して、新しいいまの餃子の味も必要と奮闘するお父さん。「餃子に対する思い入れが違うのでケンカもする」という2人ですが、実はとても仲良し。
　お父さんを中心に開発した小十郎餃子は餃子では珍しいごぼう入り。餡に入れる肉は豚だけ。キャベツ、ネギ、ニラなどの野菜も入っていますが、肉の風味がしっかり味わえる餃子です。
　一方、お母さんがつくり続ける餃子の餡は、豚と牛の合いびき。甘みを出すために玉ネギ、冬はネギも入れています。キャベツは、春になっても冬キャベツをできるだけ調達するという、こだわりぶり。さっぱりとしたひと口サイズの餃子で、何個でも食べられます。

01 ごぼうが入った小十郎餃子は、食感と味の面白さが魅力　02 餃子の皮と餡にチーズやケチャップなどを加えてつくったピザ餃子。意外な人気メニュー

ずっと仲良くしてね♪

03 餃子を焼くのはお父さんの仕事。化学調味料をまったく使わない、こだわりの餃子　04 お店を推薦してくれた Tae-chu さんとお父さんとお母さんで記念撮影

きしや
宮城県白石市本町86
0224・25・0704
17:00〜23:00
日曜定休・不定休
http://kishiya.net/

・焼き餃子
・ピザ餃子
・水餃子
・揚げ餃子
・小十郎餃子
・スタミナ餃子　ほか
※通信販売あり

\File no.08/

仙台

仙台餃子酒場
せんだいぎょうざさかば

緑の餃子は
仙台ならでは
名産の雪菜が
入った一品！

仙台

　仙台餃子酒場で一番の人気は仙台餃子。豚肉がメインの肉々しい餃子です。パリッとした皮の食感、口に広がる肉汁。実に美味しい餃子です。
　仙台餃子とは正反対なのが仙台あおば餃子です。仙台名産の野菜、雪菜が皮にも餡にも入っているので、見た目が緑色。仙台地場の野菜を盛り上げようという発想から生まれた餃子です。食べた瞬間、口いっぱいに雪菜の独特の香りが広がります。
　この仙台あおば餃子とよく合うのが、仙台餃子酒場オリジナルの味噌ダレ。フルーティながらピリッとした刺激が特徴で、相性バッチリです。味噌ダレの詳しい中身は企業秘密とのこと。味噌ダレは持ち帰りできないので、お店でしか食べられません。ぜひ、お店へ！

01 皮も餡も緑色の仙台あおば餃子。地場の野菜が入って緑色をしている　02 大量の水で一気に蒸し焼きに。焼いても、仙台あおば餃子の緑色はそのまま残る

03 一緒に来店した田村日登美さんと、たくさんの餃子を味わう　04 女性でも入りやすい居酒屋。実際、たくさんの女性客が餃子を味わっている

仙台餃子は肉たっぷり

せんだいぎょうざさかば
仙台餃子酒場

📍 宮城県仙台市宮城野区出花1-3-3
📞 022・388・6326
🕐 17:00～24:00 (LO 23:30)
🚫 年中無休
💻 http://www.shokumusubi.com/

・仙台餃子
・仙台あおば餃子
・仙台ネギ餃子
・しそ餃子
・仙台揚餃子
・チゲ風鍋餃子
・仙台蒸餃子　ほか

\File no.09/

仙台 **伊達餃子楼**
だてぎょうざろう

大きな餃子を
パクッ！
口いっぱいが
餃子になる！

仙台

名護ひと美さんに連れてきてもらったこのお店、新伊達餃子のボリュームに、心をわしづかみにされてしまいました！ 女子にも、おっきな餃子をほおばりたいときがあるのです。宮城県の熱々ご飯と一緒に食べて、がっつり満腹になりましょう。

餃子で四川料理を表現したいという思いを込めてつくられた「四川餃子」は、自家製の粉ラー油や煎った山椒、そして餃子では滅多に使われない葉ニンニクがふんだんに餡に練り込まれています。だから、餃子を口にすると、葉ニンニクのシャキシャキ感と、粉ラー油が肉汁と一緒にあふれ出し、ピリ辛‐ジューシーで美味しい！

そして、絶品の四川甘辛ソースがかかった水餃子もあり、食欲が増進して、餃子を食べる箸が止まらなくなります！

01 下味がついた肉汁があふれ出すので、コショウを振ったお酢につけて、食べるのがオススメ 02 水餃子は波打つように包んでいるので、タレが絡みやすい

03 お店に入ると、中は広々。週末は家族連れで賑わっている
04 焼いたときに肉汁があふれないように皮がぎゅっと守っている

伊達餃子楼（だてぎょうざろう）

宮城県仙台市太白区鹿野3-19-13
022・247・2122
11:30～15:00 (LO 14:30)
17:30～22:00 (LO 21:30)
火曜定休
http://dategyouzarou.com/

・新伊達餃子
・四川餃子
・水餃子
・海老蒸し餃子

仙台

おすすめ餃子 語り

エフエム仙台アナウンサー **名護 ひと美** さん

台所で母親がつくった餃子の具材を、私と妹が餃子の皮で包んでいく……というのが、私が子どものころの名護家のよくある光景でした。最初はひだがうまく作れず苦労したものです。いま思えば、私と妹が包んだ餃子を焼いていた母は、具材の量が一定でなかったり、きちんと包まれていなかったりで、焼くときに苦労していたことでしょう。このように、私にとって餃子は小さいころから身近にある大好きな料理でした。

子どものころからの懐かしい味！

おすすめのお店

File no.09
伊達餃子楼
P.24

NAGO HITOMI

なご・ひとみ　1984年宮城県仙台市生まれ。エフエム仙台のアナウンサー。担当するラジオ番組は、『J-SIDE STATION』(Date fm　月火13：30〜15：50)、『みやぎe〜ラジオ』(Date fm　木11：30〜11：45) など。趣味は、突然の1人旅行、読書。

おすすめ餃子 語り

ラジオパーソナリティー **Dj Kei 菊池元男** さん

　和の中さんは、餃子激戦区の宇都宮において、異色の本格的な餃子！ 美味しいだけでなく、薬膳効果もあって、宇都宮のおすすめ餃子店からは外せません。あと、オーナーのご主人が、まるで韓流スターのようにかっこよくて、餃子女子の目にも良いのでは？と思います。

美味しいだけじゃない体にもいい餃子！

おすすめのお店
File no.10
和の中
P.28

でぃーじぇいけい・きくち・もとお　栃木県出身のラジオパーソナリティー。担当する番組は『レディオベリーRBZ』(FM栃木　水15:00～17:45)、『とちぎ発！旅好き！』(とちぎテレビ　木19:30～20:00)、『雷様剣士ダイジ』(とちぎテレビ　月20:45～20:00) 監督など。

宇都宮

27

\File no.10/
宇都宮 **和の中**
わのなか

漢方が苦手な
人でも大丈夫
食べた翌日の
肌が楽しみ〜

宇都宮

　餃子の名店がひしめく宇都宮で、ひときわ異彩を放つのが和の中です。名物は、薬膳ゆで餃子。宇都宮駅から車で20分ほどかかりますが、それでも足を運んで食べてほしい餃子です。
　内モンゴルから来日して18年目になるご主人が手がける薬膳餃子は、餡の中に13〜14種類も生薬が入っています。「薬膳って苦手」と思ったあなた、ちゃんと臭いを消す生薬まで入っているので、あの薬膳特有の香りは感じませんよ。
　夏と冬など季節によって、使う生薬を変え、さらにスープには餡とは別の生薬を入れるというこだわりようです。スープは、ひと口も残さず、飲み干しましょう。さすが薬膳、翌日のお肌の調子がとてもいいです。女子は絶対に行くべし。

01 薬膳スープ餃子は、餃子はもちろんのこと、スープも残さず飲みきってほしい。翌日のお肌の調子が違う
02 ゆで餃子の皮は手づくりで、弾力があってモチモチ

03 駐車場があるので、車で来る人が多い。開店前から並ぶ人もいる
04 店内はおしゃれで高級感がある。デートで行くのもいい

和の中
栃木県宇都宮市駒生町1296-33
028・624・7886
11:30〜14:30 (L.O 14:00)
17:30〜22:00 (L.O 21:00)
月曜定休 (祝日の場合は翌日休)
http://store.shopping.yahoo.co.jp/wanonaka/
・薬膳ゆで餃子
・薬膳焼餃子
・薬膳スープ餃子
※通信販売あり

\File no.11/

宇都宮

宇都宮ねぎにら餃子
うつのみやねぎにらぎょうざ

揚げは気軽に
スナック感覚
焼きは素材を
味わって

宇都宮

17年前にネギとニラをかけ合わせたネギニラという栃木県産の野菜と出会い、ネギニラを普及させるためにねぎにら餃子をつくったオーナー。新しく取り組むのは、栃木県の郷土料理しもつかれを使った、しもつかれ餃子です。

しもつかれとは、鮭の頭と野菜の切れ端、大根おろしなどを混ぜたもので、栃木県をはじめとする北関東で食べられています。これを餃子の餡とブレンドして、子どもからお年寄りまで幅広い世代に受け入れられるように試行錯誤を重ねました。

縁日などで揚げ餃子にして販売すると、子どもたちはケチャップやマヨネーズをかけてスナック感覚で食べているそうです。伝統の料理と餃子の融合した、新しい宇都宮の味をご賞味あれ。

01 焼いたしもつかれ餃子。しもつかれの味がついているので、なにもつけずにそのままで

02 縁日ではカップで揚げ餃子を販売する

03 揚げたしもつかれ餃子は、マスタードで食べるのがおすすめ。意外と合う 04 ピンクと白のかわいい外観が目を惹く

宇都宮ねぎにら餃子

栃木県宇都宮市上桑島町1463-2
028・657・6725　FAX：028・657・6726
※来店前に電話で開店の確認をしてください。

11:30〜18:00 (L.O 17:30)
不定休

・ねぎにら餃子
・しもつかれ餃子

\File no.12/

宇都宮 **めんめん**
めんめん

とても美しい
黄金の羽根！
もちろん
味も最高です

宇都宮

　栃木のファンにおすすめされたのが、このお店。宇都宮ではとても有名な、羽根つき餃子のお店です。

　白菜と豚の腕肉を使った餡には、ラーメンをつくるときに使うガラスープも混ぜてあるので、餃子を口に入れたときに大量の肉汁があふれ出てきます。

　餡はもっちりとした皮で包まれていますが、それでも餃子を焼くときには、肉汁がこぼれ出てしまいます。それをキャッチしているのが、ほんのり甘く、香ばしい羽根。餃子を食べると、パリッ、ムチッ、ジュワ〜ッと、美味さ三段攻撃にやられて、幸せいっぱいです。

　香り豊かな自家製ラー油とお酢で食べるのがおすすめ。肉汁いっぱいの餃子をさっぱりといただけます。

01 あふれた肉汁を吸った羽根は、それだけでも食べたくなるほど美味しい
02 隠し味として、秘伝の味噌ダレが餡の中に使われている

03 肉汁を1滴もこぼすことなく食べるために、かぶりつき!
04 週末になると、外に長い行列ができるほどの人気店

めんめん

栃木県宇都宮市二荒町5-11
028・638・5298
11:30〜14:30
17:00〜22:00 (L.O 平日)
17:00〜21:00 (L.O 土曜)
17:00〜20:00 (L.O 日・祝)
月曜定休
http://www.utsunomiya-menmen.com/
・餃子
※ 通信販売あり

宇都宮

おすすめ餃子 語り

シンガーソングライター **サトウ ヒロコ** さん

ねぎにら餃子の小西夫妻との出会いは、地元の壬生町で行われたイベント。私が演奏した「かんぴょうのうた」のバックダンサーに参加していただいたのがきっかけです。"完全食"である栃木の郷土料理"しもつかれ"をふんだんに使用した「しもつかれ餃子」は栄養満点！ 冷めても美味しい栃木の新しいソウルフードとして、気軽に食べてください。一度食べたら癖になる！ しもつかれ餃子食べに栃木に来らっせ！ 待ってっかんね！

栄養満点の完全食 栃木のソウルフード！

おすすめのお店

File no.11
ねぎにら餃子
P.30

さとう・ひろこ 1999年にデビュー。2013年に地元愛の活動が認められ、とちぎ未来大使に就任。フルアルバム『キセキ』発売。担当するラジオ番組は『Rock On! サトウヒロコの「Sugar Time」』（CRT 栃木放送 火22：20〜22：30）など。

美味しい餃子をつくる名店が教える

プロのワザ！

私もプロに挑戦します！

プロはどのようにして餃子をつくるのか。玉城ちはるお気に入りのKITCHEN TACHIKICHIの協力を得て、プロのワザを教えてもらいました！

プロワザ 1 粗びき肉を混ぜる

TACHIKICHIで使われている豚肉は2種類。旨味のある頭肉と歯ごたえのある腕肉。腕肉を混ぜ合わせることで、餃子に独特の食感が加わります。写真の奥がミンチの頭肉で、手前が粗びきの腕肉です。肉の粗さがちょっと違います。

家庭で使えるプロワザ　混ぜる

粗く刻んだ肉をミンチに混ぜるだけで、食感のいい餃子ができます。入手の難しい頭肉や腕肉でなくても、スーパーで売っているバラ肉で大丈夫。だいたい9ミリ角になるように包丁で切って、ミンチやほかの材料とよく混ぜ合わせましょう。

プロワザ 2 大きな皮で包む

TACHIKICHIの餃子は、ちょっと大きめで、ひと口では食べきれません。これは、餃子を食べる体験を、お客さんに楽しんでもらうため。肉汁がこぼれ落ちる美味しい餃子を、舌だけでなく、目でも楽しんでもらうため、大きな皮を使っているのです。

！家庭で使えるプロワザ　包む

餃子を皮で包むとき、具がはみ出してしまったことはありませんか？ これは具を乗せた皮を押したり、強く挟んでしまったために起こります。親指と人差し指の間に具がくるように乗せ、皮の端を中に折り込んでいけば、きれいに包むことができます。

右がちはるの餃子。見ればわかる？

プロワザ 3　熱々の鉄板で焼く

鉄板は熱々に熱しておくことが大事。これにより、水を差した瞬間に沸騰して、大量の蒸気で餃子を蒸し焼きにするのです。油は餃子が蒸されたあと、上からかけます。そうすることで、餃子のすき間に油が入り込み、パリッと焼き上がります。

家庭で使えるプロワザ　焼く

家庭では、お店ほどフライパンを熱くできないので、水の代わりにお湯を使います。お湯なら、温めたフライパンを冷ますことなく、熱々のまま餃子を蒸し焼きにできます。蒸し焼きができたら、あまったお湯を捨てて、仕上げにごま油をかけて焼きましょう。

まるでお店の餃子みたいに焼けた！

プロワザ **4** 笑顔で餃子を出す

せっかく美味しくできた餃子も、お客さんが気持ちよく食べてくれなかったら意味がありません。満面の笑みで美味しい餃子をお客さんに出しましょう。これはプロでなくても誰でもできますね？ 気持ちよく餃子を食べてもらいましょう。

NO GYOZA NO LIFE!
美味しい餃子を食べよう

接客もチームワークもばっちり！マジメにがんばりました。

ご協力いただいたお店

KITCHEN TACHIKICHI
きっちん　たちきち

🏠 東京都渋谷区渋谷3-18-8
📞 03・3486・1269
🕐 11:30～15:00（土曜日を除く）
　　17:00～25:00（L.O 24:30）
🚫 不定休　🔗 http://www.tachikichi.net/
🥟 ・焼きぎょうざ ・水ぎょうざ ・揚げ餃子
　　ほか ※ 通信販売も行っています

ワインに合う餃子を食べられるのがTACHIKICHI。ついつい飲みすぎちゃいます。

TACHIKICHIは、旨味のある頭肉と食感のいい腕肉の2種類の豚肉を使い、食事の中心となる餃子を目指してつくっています。噛むと、肉汁が口の中に広がる、まるで小籠包のような餃子です。ニンニクを使っていないので、ランチでも安心して食べられるのが嬉しい。餃子のタレは、黒（黒酢、花山椒）、みそ（ごまみそ）、赤（豆板醤ベース）の3種類から選べます。

東京

おすすめ餃子 語り

シンガーソングライター、ピアニスト **大石 由梨香** さん

神保町を歩いていたときに、美味しそう！とふらりとお邪魔したのが、神田餃子屋を知ったきっかけです。入ってみて大正解！ 餃子を口に入れると、皮がもちもち！ そして、エビニラ餃子には贅沢に大きなエビが入っていてたまりません！ 以来、私はこのお店の餃子が大好きです。店長さんも素敵な方で、今回の取材では、色々なお話や想いを聞けてとても嬉しかったです。皆様もぜひ食べに行ってくださいね！

ふらっと入って大正解 大満足の贅沢餃子！

o i s h i Y U R I K A

おすすめのお店

File no.22
神田餃子屋
P.58

おおいし・ゆりか ピアノを弾き歌うシンガーソングライター。ピアニスト、作曲・編曲家。2004年に韓国ドラマ『秘密』の日本版主題歌『ため息』でデビュー。その後、アルバムやシングルなどをコンスタントにリリース。多方面から音楽に携わる。

\File no.13/

東京 あぶら～亭 本店
あぶら～てい ほんてん

プリプリの
エビが丸ごと
入ってて
超ジューシー

東京

桜上水に住んでいた7年間、ほぼ毎週通っていたお店です。ドアを開けた瞬間に飛んでくる、男性店員の気迫のこもった「いらっしゃいませー！」のかけ声に、いつもたじろいでいました。

汁なし麺のあぶら〜麺が有名なお店ですが、私はエビ餃子としそ入り餃子にレモンサワーが定番。エビ餃子は、1尾丸ごと入っていて、厚い皮をかじると、じゅわーっとエビのエキスがしみ出る、一度食べたら忘れられない味です。しその葉が1枚入ったしそ入り餃子は、香り豊かで、かぶりついたときの、もちっ、むちっとした歯ごたえがたまりません。

やるせない仕事で疲れたときは、いつも1人餃子。気迫のこもった店員さんの声は、不思議と私を元気にしてくれました。

01 棒餃子で食べやすいしそ入り餃子は、弾力のある皮がたまらない！　02 注文を受けてからスタッフが包む餃子の数は、1日に800〜1000個！

意外と女性客も多いよ

03 BGMは90年代に流行した音楽。学生のころに通った人が懐かしがってくれるようにとのこと　04 甲州街道沿いにあるため、深夜でもお客が多い

あぶら〜亭 本店

- 東京都杉並区下高井戸1-22-9
- 03・3302・2266
- 11:00〜翌4:00
- なし（年末年始除く）
- http://aburatei.com/

- 鉄鍋餃子 エビ餃子
- 鉄鍋餃子 ニンニク餃子
- 鉄鍋餃子 しそ入り餃子

※麺類の通信販売あり

\File no.14/
東京

琉球チャイニーズダイニング TAMA 渋谷店
りゅうきゅうちゃいにーずだいにんぐ　たま　しぶやてん

中華と沖縄の料理の融合をワインで味わおう！

東京

ここで紹介するのは、海老茹でワンタン。餃子の本なのに。でも、沖縄出身の私は、このお店をど〜しても紹介したいのです!

華僑のお父さんと沖縄県民のお母さんを持つオーナーの子どものころの食卓は、中華料理と沖縄料理、そしてドイツワイン。そんなオーナーのお店だから、ワインは常時180種以上。でも、「テーブルワインをワイワイと飲んでほしい」という方針からお値段はお手ごろです。

ワンタンは、豚の粗びき肉、白菜、干し椎茸などの餡が、薄い皮にはち切れんばかりに入っています。これを特製のタレにからめて食べると、ごまやラー油などの香りや辛味が口に広がります。ここでしか味わえない、沖縄と中華が融合した味を、ぜひ味わってください。

01 ワンタンは麺料理。だから、皮のツルツルッとした食感も楽しんでほしい
02 話し上手なオーナー目当ての常連さんも多いとか

03 沖縄の人のおおらかさが店内を包んでいて居心地、最高 04 駅から離れていても、いつも満席。行くときは予約を忘れずに

琉球チャイニーズダイニング TAMA 渋谷店

東京都渋谷区渋谷2-3-2
03・3486・5577
18:00〜27:00
なし
http://tama2007.jp/
・海老茹でワンタン

43

\File no.15/

東京 くるみ屋 dining
くるみやだいにんぐ

冷えたワイン
美味しい餃子
おしゃれに
味わおう！

東京

もともとは、テイクアウトの餃子店として26年前にお母さんがくるみ屋さんを始めました。その後、息子さんが店内で飲食できるくるみ屋 dining を現在の場所にオープン。今年で9年目になります。

かつて私は、桜上水に住んでいたので、カウンターでワインと餃子を楽しんでいる女性をよく見かけました。おしゃれなお店で、女性1人でも入りやすいのです。

餃子の餡は、豚と牛の合いびき肉を使い、キャベツと長ネギ、わけぎが入っています。ニンニクは入っていません。餃子をパリッとさせないために、焦げ目をつけてから水を入れるという独特の焼き方をしているため、餃子はふっくら。肉の美味しさと野菜の甘さと香り、シャキシャキとした食感がクセになります。

01 焼き色がきれいでふっくらしたオリジナル餃子　02 四川風ごまだれ水餃子は、つるんとした食感で美味。花椒の刺激と香りがいい

03 スタイリッシュな厨房で、ご主人の調理姿を見ながら一人酒　04 おしゃれな雰囲気の店内。女性客が多いのもうなづける

くるみ屋 dining

東京都世田谷区上北沢4-36-23
京王リトナード八幡山

03・3304・7551

11：00～14：00
17：00～22：00

木曜定休

http://ameblo.jp/kurumiya-d/

・オリジナル餃子
・しそ餃子
・四川風ごまだれ水餃子

\File no.16/

東京　# 白龍トマト館
はくりゅうとまとかん

ふわっと
玉子の
黄金の羽根が
たまらないっ

東京

このお店には、以前、学生時代に通っていたというアナウンサーさんに連れてきてもらいました。食べてびっくり、私が子どものころに食べていた、本場の水餃子なのです。毎日、手でこねているモチッとした皮、セロリがポイントの餡。あまりの美味しさに、涙が出るかと思いました。

さらに私がおすすめしたいのが、玉子餃子。普通は小麦粉でつくる羽根が、このお店では玉子焼きなのです。まさに黄金の羽根がついた餃子で、ここでしか食べたことがありません。

忘れてはいけないのが、名物のニンニク醤油。ニンニクの香りがクセになります。また、「裏メニューください」と言えば、特製の豆板醤が出てきます。これも美味しいので、ぜひ試してください。

01 餃子だけでも美味しいのに、さらにふわふわの玉子が！
02 玉子の羽根がこんなに美味しいなんて、初めての人はきっと驚くはず

03 探し続けてきた思い出の味にとっても近いのがこの水餃子！
04 おしゃれな内装の店内にはjazzが流れ、ゆったり食事ができる

白龍トマト館（はくりゅうとまとかん）

東京都中野区江原町3-17-1
03・5988・7330
11:30〜14:30 (L.O)
17:00〜22:00 (L.O)
月曜定休（祝日の場合は翌日休）
http://www.tomato-tanmen.com/

- 焼き餃子
- 水餃子
- 玉子餃子
- スープ餃子

\File no.17/

東京 **老辺餃子館** 新宿本店
ろうべんぎょうざかん しんじゅくほんてん

まさに餃子の
デパート！
なにもつけず
食べてね♪

東京

老辺餃子館は、とにかく種類が豊富！なんと、蒸し餃子11種、水餃子5種、焼き餃子4種。さらに餃子鍋もあります。しかも味ごとに違う形で餃子が包まれています。このたくさんの餃子を味わうため、できるだけ大人数で来店するのがおすすめです。

私が一番気に入ったのは、鶏のとさかの形の蒸し餃子で椎茸入り。口に入れると、椎茸の香りが口いっぱいに広がるのです。次に好きなのは、麦穂の形をした水餃子で、白身魚の餡なのに、コクがすごいんです。そして焼き餃子は、4種の具がセットになっている羽根つき。パリパリしている羽根がとても香ばしい。

餃子に味がついているので、醤油などのタレは一切必要なし。餃子からあふれ出るスープを味わいましょう！

スープがあふれるっ！

01 4種類の味に分かれている焼き餃子は、羽根がコーンのでんぷんでできていて、ほのかに甘い 02 干貝とズッキーニの焼き餃子が絶品 03 開店と同時にお客さんがやって来るほどの人気店

熱々のまま出てくるよ

04 水餃子には5種類の餃子が入っていて、特に白身魚の餡がおすすめ。スープも美味しい

老辺餃子館 新宿本店
ろうべんぎょうざかん しんじゅくほんてん

東京都新宿区西新宿1-18-1 小川ビル3F
03・3348・5810
11:30〜15:30 (L.O 15:00) (月〜金)
17:00〜23:30 (L.O 23:00) (月〜金)
11:30〜23:30 (L.O 23:00) (土・日・祝)
なし
http://www.rouben.co.jp/

- 蒸し餃子
  ・MIX蒸し餃子
- 水餃子
- 焼き餃子
- 老辺餃子鍋
- おつまみ揚餃子

MAP

\File no.18/

東京 **味坊**
あじぼう

羊肉の餃子は
超ヘルシー！
餃子女子に
おすすめです

東京

　中国東北地方料理のお店として有名な味坊は、平日でも夜は大混雑します。もし夜に来店するなら、予約しておきましょう。
　1日に300個以上売れるというラム肉の焼き餃子は、皮は大きくカリッと焼き上がり、まるでおやきのような食感。ひと口食べるとラム肉の香りが鼻を抜けていきます。豚肉より羊は、肉自体がさっぱりしていて、ヘルシーなので、餃子を食べたくなったダイエット中の女子におすすめです。
　水餃子は、本場中国の女性たちが皮から仕込んでいます。厚めのモチッとした食感です。餡は、ラム肉、ネギ、トマト、ショウガで、この組み合わせは、ほかのお店では見たことがありません。このお店は、ラム肉料理が全部美味しいので、餃子と合わせてほかの料理も食べてみてください。

01 しっかりこねられた皮は、もちもちでとても弾力がある。私の好みにぴったり　02 大きな皮で包んで、カリッと焼いた焼き餃子はまるでおやきみたい

03 たっぷりと水を入れて5分間蒸し焼きに、水を捨てたらきつね色になるまで焼く
04 神田駅から線路沿いに歩いたらすぐ近く

味坊（あじぼう）
東京都千代田区鍛冶町2-11-20
03・5296・3386
11:00～14:30
17:00～23:00
日曜・祝日定休
・ラム肉の水餃子
・ラム肉入り餃子
・焼き餃子

\File no.19/

東京

金春本館
こんぱるほんかん

羽根つきは
蒲田生まれ！
香ばしくって
ビールが進む

東京

羽根つき焼き餃子が有名ですが、それだけ食べて帰ったらもったいない。ここの水餃子は、旧正月になると近くの中国人がこぞって買いに来る、中国人が認める本場の味なのです。7時間煮込んだ豚骨スープを混ぜて1日寝かせた餡は、噛むと厚い皮の中からじゅわ〜っと肉汁があふれ出します。白菜と豚肉というシンプルな具なのに、どうしてこんなに美味しいのでしょう。

こんな餃子に魅了されて、実は私、一時期、蒲田に住んでいました。

羽根つき焼き餃子は、蒲田が発祥って知ってました？ 皮からしみ出る水分と皮についた粉が焼けて羽根ができるのを、もっとしっかり羽根をつけようと、小麦粉を溶いた水を加えて焼くようになったのだとか。それが餃子の羽根のルーツなのです。

01 こんがりとキツネ色の皮と大きな羽が食欲をそそる
02 水餃子のタレはニンニク醤油が相性抜群。ただ、臭いがきついので、頼まないと出てこない

03 お店は広いが、いつも賑わっている。土日は予約して行こう
04 京急蒲田駅からすぐ近く。商店街に入るとすぐに見つかる

こんぱるほんかん
金春本館

東京都大田区蒲田4-5-6
プロスペリアビル1・2F

050・5799・5074

11:30〜23:00
※14:00〜17:00は1Fのみで営業

なし

・水餃子
・蒸し餃子
・椎茸蒸し餃子
・三鮮焼き餃子
・フカヒレ焼き餃子　ほか

\File no.20/

東京 # 新雪園
しんせつえん

本場・北京の
水餃子を食す
しっかりした
皮が美味しい

東京

今年で30年になる下北沢で人気の北京料理屋さんです。私をこの店に連れてきてくださったのは、ミュージシャンの伊藤銀次さん。下北沢にあるお店なので、演劇やライブの打ち上げで来る役者やミュージシャンが多いのです。「たくさんの芸能人が来るから、サイン増えるんだよ」と店長さん。「中国だったら、ニンニクが入っている餃子なんて、捨てられちゃうよ！」とトークがとても面白い。

そんなわけで、このお店の餃子はニンニクなし。皮のもちもち感と餡からは豚と白菜の甘みが感じられる、本場・北京の餃子です。女性の好みに合うのか、取材の日、ランチに来ていたのはほとんど女性でした。ちなみに、私はこのお店の酸辣湯麺も大好き。餃子と一緒にどうぞ。

01 具材を大きめにカットしているので、シャキシャキしている 02 餃子専門店ではないのに、1日5〜600個も餃子が注文される

03 よく練られた皮にはこしがあり、水餃子では特に皮のうまさが際立つ 04 下北沢の駅から本多劇場のほうへ歩けばすぐ

しんせつえん
新雪園

東京都世田谷区北沢2-9-24 博雅ビル1F
03・3465・0040
11:00〜翌5:00
なし

- 焼餃子
- 水餃子
- エビ水餃子

\File no.21/

東京 # 餃子坊 豚八戒
ぎょうざぼう　ちょはっかい

山椒などの
ピリッとした
スパイシーな
辛さが魅力！

東京

つるんとした薄い皮の水餃子に、数種類の香辛料が入ったスパイシーなタレがかかった四川風麻辣水餃子。餡には豚以外に豆腐や椎茸も入っていて、とても柔らかい。口に入れると、いろいろな食感を楽しめます。タレのピリッとした山椒の辛さがなかなかクセになります。

華餃子は、羽根つきの焼き餃子。食べると、餡に練り込んだ鶏や豚の骨を煮込んでつくったスープがあふれ出してきます。きくらげの歯ざわりも、いい感じ。

美味しい餃子をつくっているのは、ハルピン出身のとっても美人な奥様。季節に応じて、スパイスや餃子の具材も替えているそうです。ダンディーな旦那さまと仲良く作業されている姿は、まるで映画のワンシーンのようでした。

01 四川風麻辣水餃子は、何度も来たくなるほど、スパイシーなタレがクセになる　02 丸くてうす〜い羽根がきれいな華餃子。いろいろなタレを試してみて

人気店なので予約を！

03 まるで映画のセットのようなお店。店内も中国の居酒屋さんのようで、とてもおしゃれ

餃子坊　豚八戒
（ぎょうざぼう　ちょはっかい）

東京都杉並区阿佐谷南3-37-5
03・3398・5527
18：00〜24：00（L.O 23：30）
月曜、第1第3日曜定休

・四川風麻辣水餃子
・華餃子
・八戒餃子
・天篷餃子
・明蝦餃子

\File no.22/

東京 # 神田餃子屋
かんだぎょうざや

東京

シンガーソングライターの大石由梨香さんにおすすめされたのは、昭和33年開業の神保町で長く愛されている老舗。今回は、大石さんと私で取材です。
「餃子は皮が大事だ！」と日ごろから私が言っているのを覚えていた彼女が「ちはるの好きな水餃子だと思う」とすすめてくれたのがスープ餃子。塩味の鶏ガラスープに、もち肌の餃子が浮いています。口にすると、確かにパーフェクトなもちもち具合。皮を見せてもらったら、すごくよく伸びる、弾力のある皮でした。

ほかにも魅力的な餃子がたくさん。海老ニラ餃子はぷりぷりのエビがまるまる入ってるし、ねぎ味噌餃子のこぼれるほどてんこ盛りのねぎも嬉しい！餃子好きなら全部試したくなりますよ。

大きな餃子にガブッ！

01 どの餃子もコクがあって、美味しい。ビールとの相性も抜群 02 黒豚餃子は本当に大きい！口が大きな私でも、とてもひと口では食べられない 03 お店は、大通りから路地に入ったところにある

手早く餃子を包みます

04 餃子を包んでいるのは、美人女将。毎日、手作業で餃子を包んでいるそうです

神田餃子屋 (かんだぎょうざや)

東京都千代田区神田神保町1-4
03・3292・5965
11:00～23:00（月曜～金曜）
11:00～20:00（土・日・祝）
休 なし
http://www.gyouzaya.co.jp/

・黒豚餃子
・元祖野菜餃子
・しそ餃子
・ねぎ味噌餃子
・水餃子
・スープ餃子
・海老にら餃子 ほか

\File no.23/

東京 **神楽坂 芝蘭**
かぐらざか ちーらん

クセになる
餃子の秘密は
秘伝のタレと
砕いたナッツ

東京

大人の街、神楽坂にある芝蘭は、おしゃれな店内で、女子の心をぎゅっと掴みます。餃子デートをするなら、こういうお店がいいですね。

芝蘭の四川名小吃 水餃子辛子ソースは、何度でも食べたくなる、クセになる水餃子。つるんと口の中に入っていく小ぶりな餃子を噛むと、肉汁が口の中に広がっていきます。餃子にかかっているのは、甘いたまり醤油を注ぎ足してつくられた秘伝のタレ。酢が入っているので、コクがあるのにさっぱりしています。持ち帰りたいというお客さんが続出したため、秘伝のタレはビン詰めにして販売されています。

仕上げは、砕いたナッツ。コクのあるタレと香ばしいナッツの組み合わせで、餃子を取る箸が止まりません。

コクのある
タレが絶品

01 米粉と上新粉の入った皮はつるんとしていて、食べ始めたら止まらない 02 秘伝のタレがとても美味しくて、飲みたくなってしまうほど 03 大きなソファでゆったりできて、女子会にもおすすめ

神楽坂は
大人の雰囲気

04 お店があるのは、広い通りから路地に入ったところ。ちょっと隠れ家っぽいところもデートにぴったり

神楽坂 芝蘭（かぐらざか ちーらん）

東京都新宿区神楽坂3-1 クレール神楽坂Ⅱ 2F
03・5225・3225
11:00～15:00 (L.O 14:30)
17:00～23:00 (L.O 22:00)
なし。年末年始休業の場合あり
http://www.chii-ran.com/
・四川名小吃 水餃子辛子ソース

かわいいアレンジ 餃子をつくろう

ひと味ちがう

自分で餃子をつくるなら、タレも、包み方もかわいく、楽しくしたい！
お店では味わえない、ちょっと変わった、とてもかわいい餃子をつくってみよう。

トマトの酸味が牛肉にぴったり

牛肉トマト餃子

自分で肉を叩くことで、ちょっと粗めのミンチに。肉の食感とトマトの酸味の相性が抜群の肉食系餃子。

材料（4人分）

- 牛肉赤身……………… 250g
- トマト……… 中2個（150g）
- 醤油（かき醤油）
  ……………… 大さじ1強
- 日本酒………… 大さじ1強
- 砂糖…………… 小さじ2強
- 塩……………… 小さじ1/2
- ごま油………… 大さじ1強
- 餃子の皮……………… 10枚

作り方

1. 牛肉を刻み、包丁で叩いてミンチ状にする。
2. トマトを湯剥きし、種を除いて粗みじん切りにする。
3. ボウルに **1** を入れ、白っぽくなるまでよく混ぜる。醤油、日本酒、砂糖、塩の順に加えて混ぜ、最後にごま油を加える。
4. **3** にラップをかけ、冷蔵庫で1時間寝かせる。
5. **4** を餃子の皮で包む。
6. 鍋に湯を沸かし、**5** を入れて茹でる。上に浮いたら皿に取る。

白菜餃子

豚肉と鶏ひき肉を混ぜ合わせてさっぱりと食べられる餃子に。酸味のあるタレを添えればいくらでも食べられる。

材料（4人分）

豚こま切れ肉	80 g
鶏ひき肉	70 g
塩	小さじ1
砂糖	大さじ1
醤油	大さじ1強
オイスターソース	小さじ2
鶏ガラスープ	大さじ2
白菜	200 g
ニラ	40 g
長ネギ	30 g
ショウガ	15 g
餃子の皮	20枚

作り方

1. 豚肉を細かく切り、包丁で叩いてミンチ状にする。
2. ボウルに **1** と鶏ひき肉を加え、塩、砂糖、醤油、オイスターソース、鶏ガラスープの順に加えてよく混ぜる。
3. 白菜は粗く刻んで塩2g（分量外）を振り、塩もみする。ニラ、長ネギ、ショウガはみじん切りにする。
4. **2** と **3** を混ぜ合わせ、ラップをかけて冷蔵庫で1時間寝かせる。
5. **4** を餃子の皮で包む。
6. フライパンに油を少量敷いて熱し、火を止めてから餃子を並べて火にかける。
7. フライパンが温まったら水150ccを餃子に回しかけるように加え、フタをして蒸し焼きにする。
8. 水分がなくなったらフタを取り、ごま油を回しかけて水分を飛ばして焼き色をつける。お好みでパクチーを添える。

いくつでも食べられるさっぱり餃子

かわいいアレンジ餃子をつくろう

野菜たっぷり

餃子DEタジン鍋

少し前に流行したタジン鍋を餃子づくりに使ってみよう。
たっぷり野菜と餃子で、ヘルシーで美味しい餃子鍋ができる!

材料（4人分）

ニンジン	適宜
ズッキーニ	1/2本
もやし	1袋
水菜	1株
プチトマト	4個
アスパラガス	4本
カブ（小）	4個
餃子	5〜7個

作り方

1. 餃子を鍋で茹でる。
2. 火の通りにくいニンジンとズッキーニはピーラーで薄く剥く。
3. もやしは根を取り除き、水菜は根を切り落として食べやすい大きさに切る。プチトマトは半分に切る。アスパラガスは根元をピーラーで剥き、食べやすい大きさに切りそろえる。カブは皮を剥いて、食べやすい大きさに切る。
4. タジン鍋の底にもやしを敷き、その上に野菜を並べる。野菜の上に餃子を並べる。
5. タジン鍋に水を50cc加えて、中火に6〜7分かける。湯気が立ってきたら火を止める。

※市販の皮を使った餃子の場合は、鍋で茹でなくてもよい。その場合は、**5**の水を100ccに増やし、餃子に水が直接かかるように加え、中火に10分かける。

餃子をもっと美味しくする
魔法のタレ8種

定番の酢醤油だけじゃつまらない。
もっといろいろなタレがあってもいい！
辛かったり、すっぱかったり、
餃子が美味しくなる8種類のタレをどうぞ。

05 怪味ソース
03 ショウガ醤油
04 レモン塩
08 香味みそ
01 すだち醤油
02 かおり醤油
06 バジルソース
07 韓国風薬味醤油

01

すだちがさわやかに香る
すだち醤油

材料
- 醤油…大さじ3 ・酢…小さじ2 ・すだち果汁…小さじ2 ・すだち輪切り…適宜
- トウガラシ（種を除く）…1本

作り方
1. 醤油、酢、すだち果汁を混ぜ合わせる。
2. 1に輪切りにしたすだちとトウガラシを浮かべる。

02

食欲をそそるニンニクの香り
かおり醤油

材料
- みりん…50cc ・日本酒…大さじ1 ・醤油…1/2カップ ・ごま油…大さじ1/2
- ニンニク…1片 ・トウガラシ（種を除く）…1本

作り方
1. みりんと日本酒を鍋に入れ、沸騰させてアルコールを飛ばす。
2. 1が冷めたら醤油とごま油を混ぜ合わせる。
3. 2にニンニク、トウガラシを浮かべ、コショウで味を調える。
4. 好みで、長ネギとショウガのみじん切り、ラー油、酢を加える。

03

餃子をショウガで味わう
ショウガ醤油

材料
- 醤油…大さじ3 ・酢…大さじ3 ・ごま油…小さじ1 ・ショウガ…適宜

作り方
1. ショウガは千切りにして、さっと水にさらす。
2. 醤油、酢、ごま油を混ぜ合わせ、1を加える。

04

レモンの酸味で口がさっぱり
レモン塩

材料
- レモン果汁…大さじ3 ・藻塩…小さじ1/4

作り方
1. レモン果汁に藻塩を加えて混ぜ合わせる。
2. 切ったレモンを浮かべる。

> かわいいアレンジ餃子をつくろう

05

複雑な辛さがクセになる
怪味ソース

材料
- 練りゴマ（白）…大さじ3 ・醤油…大さじ2 ・酢…大さじ1・1/2 ・砂糖…小さじ2
- 豆板醤…小さじ1 ・ラー油…小さじ1
- 粉山椒…小さじ1 ・長ネギ（みじん切り）…20ｇ ・ショウガ（みじん切り）…10ｇ
- ニンニク（すりおろし）…5ｇ

作り方
1. 材料をすべて混ぜ合わせる。

06

餃子とバジルの意外な組み合わせ
バジルソース

材料
- バジル（葉）…50ｇ ・松の実…10ｇ
- オリーブオイル…100cc ・ニンニク（みじん切り）…1/2片 ・塩…小さじ1/2～1

作り方
1. 松の実を170℃のオーブンで6分間焼く。
2. 材料をすべてフードプロセッサーに入れて、なめらかになるまで混ぜ合わせる。
3. 保存する場合は、熱湯消毒した瓶に詰め、オリーブオイルを加えてフタをする。冷蔵庫で約1週間保存可能。

07

ピリッとした辛さ
韓国風薬味醤油

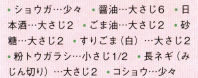

材料
- ショウガ…少々 ・醤油…大さじ6 ・日本酒…大さじ2 ・ごま油…大さじ2 ・砂糖…大さじ2 ・すりごま（白）…大さじ2
- 粉トウガラシ…小さじ1/2 ・長ネギ（みじん切り）…大さじ2 ・コショウ…少々

作り方
1. すりおろしたショウガをしぼって、ショウガ汁を作る。
2. 材料をすべて混ぜ合わせ、コショウで味を調える。

08

味噌の風味が餃子の皮に合う
香味みそ

材料
- 合わせ味噌…40ｇ ・みりん…大さじ1
- 酢…小さじ2 ・粉トウガラシまたは豆板醤…少々 ・ニンニク（すりおろし）…少々
- ショウガ（すりおろし）…少々

作り方
1. 材料をすべて混ぜ合わせる。

かわいい餃子になる
いろいろな包み方

せっかくの餃子も同じ形ばかりだとつまらない。
かわいい餃子をつくるなら、包み方にひと工夫！

hanamaru
hitokuchi
sankaku
kazaguruma
boushi

花マル

巾着みたいに
かわいく包んで

包み方

皮の中央に餡を乗せ、口が十字になるように包む。包んだ口の端を中央に重ね合わせる。焼くときは包んだ口から焼くと、皮が開かない。

かわいいアレンジ餃子をつくろう

帽子
立体感があって水餃子に最適

包み方
皮の中央に餡を乗せ、半分に折る。半月状になった皮の端を丸めて重ね合わせて水をつける。

さんかく
簡単に誰でもできる！

包み方
皮の中央に餡を乗せ、三つ葉の形になるように皮の端を中央に寄せる。水で皮を貼り合わせて形を整える。

かざぐるま
十字の皮がかざぐるまに

包み方
皮の中央に餡を乗せ、口が十字になるように皮の端を中央に寄せて、水で貼り合わせる。あまった皮は折り、かざぐるまの形に。

ひとくち
小さな餃子を作るときに

包み方
皮は小さいサイズを使う。皮の中央に少量の餡を乗せ、皮を半分に折る。皮の端を中に折り込みながら口を閉じる。

あまった皮をデザートに
スイーツな餃子

餃子をたっぷり食べたらちょっとティータイム。
あまった皮を使って美味しいデザートをつくろう。

パリパリの皮が美味

餃子 DE アップルパイ

温かいリンゴがよく合う、アップルパイ風揚げ餃子。

材料（4人分）

アップフィーリング（つくりやすい分量）

- りんご（紅玉など） ………… 1個（200ｇ）
- 砂糖 …………………… 70ｇ
- レモン汁 …………… 少々
- コーンスターチ …… 小さじ2（同量の水で溶く）

- 餃子の皮 ……………… 4枚
- 水溶き片栗粉 ………… 適宜
- 粉砂糖 ………………… 少々
- シナモン ……………… 適宜
- アイスクリーム ……… 適宜
- はちみつ ……………… 適宜
- ミントの葉 …………… 適宜

作り方

1. りんごの皮を剥き、芯を除いて6等分して薄切りにする。
2. 鍋に **1** と砂糖を入れ、皮を上に乗せてそのまま置く。
3. 砂糖が溶けたら鍋を火にかけ、フタをしてりんごが透き通るまで弱火で煮る。
4. りんごが柔らかくなったら火を止め、皮を取り除いてレモン汁を加える。味見をして甘さが足らなければ砂糖を加える。
5. コーンスターチを水で溶き、回しかけてとろみをつけ、冷ます。
6. **5** でつくったアップルフィーリングを餃子の皮で包み、皮の縁に水溶き片栗粉をつけてしっかりと閉じる。
7. **6** を油で揚げ、油をよく切る。餃子を皿に乗せ、シナモンと粉砂糖を振りかけ、アイスクリームを添える。上からはちみつをかけ、あればミントの葉を飾る。

※ 砂糖はりんごの35％の量が目安。好みで調整する。

かわいいアレンジ餃子をつくろう

和風な
餃子デザート

きな粉黒蜜かけ

シンプルで美味しい、餃子の皮でつくる和のスイーツ。

材料（4人分）

餃子の皮	8枚
粒あん	適宜
きな粉	適宜
黒蜜	適宜

作り方

1. 鍋にたっぷりのお湯を沸かし、沸騰したら餃子の皮を入れ、浮いてきたら水に取る。
2. **1**の水気を切って、小さじ2の粒あんを乗せて半分に折り、皿に盛りつける。
3. **2**の上からきな粉と黒蜜をかける。

餃子レシピ開発、調理

黒田チアキ

フードデザイナー、レストランプロデューサー、料理家。1994年から伝承料理研究家・奥村彪生に師事し、1996年に独立。Food works を主宰し、食を中心としたネットワークを活用して様々な専門家を組み合わせたユニットを組織したプロデュース業務やアドバイス業務を行う。2014年、クリエーターズ・ユニット、東京クリップを立上げ、イベントや地域のコミュニティ・デザインを行う。

\File no.24/

神奈川 **翠葉** 本店
すいよう ほんてん

甘辛いタレが
皮が薄めの
水餃子と
相性ぴったり

神奈川

　20年前に中国出身のオーナーが始めた翠葉は、横浜に5店舗も構える人気店です。私が初めて行ったのは、居酒屋気分で一杯飲める翠葉2000。ほかにも、小籠包を前面に押し出したお店など、店舗ごとに異なるコンセプトを楽しめます。今回、取材でうかがったのは、子ども連れでも入りやすい翠葉 本店です。

　肉汁たっぷりの焼き餃子も美味しいのですが、私のおすすめは水餃子！ 翠葉の水餃子は、長ネギと玉ネギ、唐辛子に、タイ風スイートチリソースを混ぜた甘辛いタレでいただきます。このタレが、キャベツ中心のシャキシャキでさっぱりとした餡と皮が薄めの翠葉の水餃子にぴったり合うのです。あっという間に食べきってしまうのには、自分でもびっくりです。

01 甘辛いタレとシャキシャキしたキャベツの餡がとっても美味しい水餃子　02 しっかり焼いていて、焼き目の香ばしい焼き餃子。店員さんもよく持ち帰るとか

03 多くの有名中華料理店がひしめく横浜で20年。食べれば、愛され続けた理由がわかる　04 本店は火曜日が餃子が半額

翠葉 本店
すいよう ほんてん

神奈川県横浜市南区宮元町1-19
045・744・2509
11:00〜23:30
水曜定休
http://www.suiyo.com/
・翠葉餃子
・水餃子
※通信販売あり

MAP

\File no.25/

神奈川 **粥菜坊**
かゆなぼう

旬の野菜を
使った餃子で
体の芯から
美しくなろう

神奈川

　小ぶりな餃子は、焦げ目がきつね色でカリっとして、食欲をそそります。「うちの餃子は野菜餃子、香りを楽しんで欲しい」と語るのは、12年前にお店を始めた中国広東省出身のお母さん。何十種類もある餃子には、それぞれ季節の野菜が入っています。春はよもぎ、せり、菜の花。夏はきゅうり、冬はかぼちゃ、大根の餃子もあるとか。
　私が一番気に入ったのは、オクラと大豆とコーンの入った餃子。奇をてらった変わり種餃子とは違い、研究熱心なお母さんが考え出したものです。健康や美容に関心の高い女子には、嬉しいメニューがたくさん。もちろん、どれもとても美味しい。
　三陸のわかめを使った水餃子は、海の香りが口中に広がります。餃子の世界観が広がる、新しい餃子を楽しんでください。

01 わかめの風味が口の中に広がる、絶品の水餃子。いままで食べたことのない餃子　02 お店は餃子以外に中国茶も豊富。20種類以上もある

女性客に人気だよ！

03 武蔵小杉駅から徒歩8分。体に良いメニューが豊富で、女性客がとても多い

かゆなぼう
粥菜坊

神奈川県川崎市中原区今井南町391
044・733・7538
11：30～15：00
18：00～23：00（L.O 22：30）（火～金）
17：00～23：00（L.O 22：30）（土・日・祝）
月曜定休
http://www.kayunabou.com/

・セロリと鶏肉の餃子
・椎茸と鶏肉の餃子
・水餃子
・蒸しエビ餃子
・揚げ餃子　ほか
※通信販売あり

\File no.26/

神奈川 **本格水餃子専門 瓦奉店**
ほんかくすいぎょうざせんもん がぼうてん

皮だけでも
食べに来たい
こだわりの
水餃子

神奈川

「すべて手づくりじゃないと餃子じゃありません」と言う美人女将のこだわりは半端ではありません。皮は、厳選された無添加の新鮮な国産小麦粉を毎日4キロもこね、1日寝かせたものを使っています。これが、もちもちの食感を生んでいるのです。もちろん餡もこだわり、ニンニクや香りの強い野菜、化学調味料は一切入れず、シンプルに豚肉、キャベツ、ネギ、ショウガだけ。なのに、とても美味しい。

　私のおすすめは、薬膳特製スープ餃子。疲労回復や血行浄化作用があるという薬膳スープは、飲んでいるうちに体がポッポと温かくなってきて、いかにも健康に良さそうです。そういえば、女将の肌は白くて、柔らかそう。ここで食べたら、餃子美人になれるかも？

01 皮だけでも食べに来たくなるほど、モチモチで味わい深い水餃子　02 薬膳特製スープ餃子は、〆にスープの中へご飯を入れて食べる。体が温まる

03 モスグリーンの落ち着く店内は、映画の美術さんの手によるもの　04 お持ち帰りの餃子はすぐに売り切れるので、電話で予約を

本格水餃子専門 瓦奉店
（ほんかくすいぎょうざせんもん　がぼうてん）

神奈川県川崎市中原区新丸子町691-1
鈴八ビル1階

044・711・8948

11:30〜14:00
17:00〜20:30
※火曜・金曜は12:00より営業

月曜・第3火曜定休

http://www.mifujiweb.com/gabouten/

・水餃子　・焼き餃子　ほか
※通信販売あり
（ホームページより）

手づくり餃子にチャレンジ！

餃子パーティの

お店で食べる餃子は美味しいけど、仲間とわいわい食べるのも楽しい。今回は、仲良くしているご家族の餃子パーティに参加させてもらいました。

餃子は誰でもつくれる料理。せっかくのパーティなら手づくりにしよう。

人数が多いとみじん切りも大変。切ったあとは、ギュッと絞って水気をきろう。

すすめ

皮だって手づくりできる。包むのはちょっと難しくて、個性的な餃子がたくさんできました。

ひと足お先にかんぱーい！

ジュワ〜！

大量の餃子を一気に焼き上げます。焼いている間に、こっそりビールで乾杯。

おすすめ餃子 語り

SBSパーソナリティ **塩澤 香織** さん

私が新人だったその昔から「頂好(てんほう)」は、SBS静岡放送の一部?と思うほど、いつも社員が通い、集う場所でした。注文を受けてから、その場で包んで焼いてくれる餃子は、皮の香ばしさと餡の甘みが絶妙なバランス。水餃子はお湯ごと出てくるスタイルで、こちらは皮のモチモチ感と餡の野菜のシャキシャキ感を楽しんでください。いつも阿藤快さんは味噌タンメンと餃子、私は五目ラーメンに餃子です‼

香ばしさと甘みの絶妙なバランスが最高

SHIOZAWA KAORI

おすすめのお店
File no.28
頂好 支店
P.84

しおざわ・かおり 共演するパーソナリティが俳優の阿藤快やオカマキャラタレントの樹根など個性派が多いため、別名「SBSラジオの猛獣使い」と呼ばれる。出演するラジオ番組は『満開ラジオ樹根爛漫』(SBSラジオ ±13:00~15:00)など。

\File no.27/

静岡

田舎家 いしだ
いなかや いしだ

今日は女子会
大量に飲んで
食べるぞ！
餃子で乾杯〜

静岡

「居酒屋でお寿司と餃子のおいしいお店があるの」「けっこう地元の人がいくんですよ」とすすめられて来店。今日は、仲良しのラジオDJの小川けいこちゃんや音楽仲間と女子会です！（＋取材）

　このお店は、開店して25年。餃子は、先代のご主人が、始めたのだそうです。いまのご主人は、5年ほどお寿司屋さんで修行をしたこともあり、お店を継いでからは、お寿司と餃子という面白い組み合わせの居酒屋さんになりました。

　牛肉と豚肉の合いびきに、ブラックペッパーがしっかりと利いた餃子はかなりスパイシーで、ビールがぐいぐいと進みます。静岡名産の黒はんぺんのフライも美味しくて、気づいたらけっこう長い時間、お店で楽しんでしまいました。

お通しだって美味しい

01 撮影用に1人1皿食べたのに、なんと2皿目を追加。クセになる味　02 お通しで出てきた、鶏の煮込みが絶品。ほろほろとお肉が溶けていった　03 さすがは海の町・静岡。お寿司が新鮮で本当に美味しい

スパイシーな餃子だよ

田舎家 いしだ
静岡県静岡市葵区両替町2-2-4 2F
054・254・6141
17:00～24:00
日曜定休
・自家製ギョーザ

04 お店があるのは、静岡駅からほど近い繁華街。ビルの階段を上った2階にある　05 1つ1つ丁寧に毎日餃子を包んでいる。イケメンマスターにも会ってほしい

\File no.28/

静岡

頂好 支店
てんほう してん

ニンニクが
利いてるのに
お昼でも
食べちゃう！

静岡

　静岡のSBSでラジオ番組を持たせてもらってから、最初に連れてきてもらったのがこのお店。SBSの社員食堂かと思うほど、社員が通い続けています。このお店を推薦した塩澤香織さんも、このお店に通い続けている常連の1人です。
　開店したのは昭和43年。ご主人が亡くなってからは16年間、お母さんが一生懸命にお店を守り続けています。
　餃子の餡は、豚肉に玉ネギ、白菜、キャベツというオーソドックスな材料に、ガツンとニンニクを利かせています。だから、頂好で食べたあとに収録に行くと、すぐにバレてしまいます。それでもお昼はここで食べたくなります。このお店の味は、ホッとするのです。おすすめは名物のミソタンメンと餃子。ぜひ、セットで食べて。

01 皮が薄くて、まるでワンタンのように透き通った水餃子。餡がシャキシャキしていて美味しい　02 タレはシンプルに、酢醤油と特製のラー油でさっぱりと

03 ときには悩みの相談も受けてくれるやさしいお母さん　04 営業時間が11時〜14時と短いので気をつけて

頂好 支店

静岡県静岡市駿河区石田2-5-59
054・286・7414
11:00〜14:00
16:00〜19:00（早仕舞いする時あり）
日曜、祝日定休

・餃子
・水餃子

\File no.29/

浜松

餃子の砂子
ぎょうざのすなこ

25年間も
値段そのまま
ここの餃子は
庶民の味方！

浜松

　私のラジオ番組のリスナーには、おなじみのお店です。ここを知ったのも、ラジオのリスナーに教えてもらったのがきっかけ。以来、このお店に何度も通い続けています。砂子のオーナー、砂子要二さんは、もう「浜松のお父さん♪」です。

　25年間、値段を変えていない餃子は、オーナーのこだわりそのもの。「毎日1500個以上はつくっている。餃子は天気によって左右されるんだ」と熱く語ります。春と冬で水分量が異なるキャベツの脱水や、皮の材料の配合から包み方まで、天気や季節によって変えるのだそうです。

　「情熱」という言葉がぴったりの餃子ですが、味はいたってシンプル。それゆえに、飽きがきません。ひと息ついてほっとできる、そんな餃子なのです。

毎日1500個はつくる

01 25年間値段も変えていないけど、大きさも具の量も変わっていないのだそう
02 来る日も来る日も餃子を包み続けている手。思わず涙
03 昔ながらの看板。近所にあるといいのになぁ

シンプルで飽きない味

04 25年もの間、餃子を作り続けてきたオーナーの砂子さん。餃子への情熱は誰にも負けない

餃子の砂子（ぎょうざのすなこ）

🏠 静岡県浜松市東区有玉北町1589
📞 053・434・5222
🕐 11：30～売り切れまで
※夕方には売り切れることがあります。お持ち帰りの場合には、お昼ごろまでに予約してください。

🈳 月曜定休
・餃子

\File no.30/

浜松 ぎょうざのカネ藏
ぎょうざのかねくら

ここの餃子は
お取り寄せが
できるから
ぜひ食べて！

浜松

お取り寄せで、「オヤジのススメ ビーフ餃子」を食べて以来、私はカネ藏の虜に!

10種類以上もある餃子は、どれもご主人の味へのこだわりを感じます。

ビーフ餃子は、食べたときに口の中に、コクや香りが広がっていく味わいが大好き。初めてのビーフ餃子がカネ藏だったので、特に印象も強いのです。カリカリとした皮が、ほどよく口の中から消えていく感じもお気に入り。ポーク餃子のにんにく多めは、女子にはちょっと厳しいかもしれないけど味は絶品。ぜひ取り寄せて!

カウンターに座ると、オーナーの話が面白くて、つい長居をしてしまいます。そんなオーナーは、基本17時出社の「5時から男」なのだそうで、会いたい人はその時間を狙って来てください。

ご主人の修業先は宇都宮

01 浜松は冬のセロリ生産量日本一。浜松セロリ餃子は試行錯誤した力作
02「凝り性だから色んな種類を開発するのが好きなんだ」とご主人 03 夕方になると近所の人がひっきりなしに買いにくる

このノボリを目指して

04 わざわざ車を走らせて、遠くからくるだけの価値がある。後悔しない味が待っている

ぎょうざのカネ藏（くら）

- 静岡県浜松市西区雄踏町宇布見6030
- 0120・17・2355
- 10:00～19:00（L.O 18:30）
  16:00～19:00（L.O 18:30）（日曜日）
- 祝日、日曜定休
- http://yuto-kanekura.com/
- ・ポーク餃子
  ・えび餃子
  ・海鮮餃子
  ・オヤジのススメ ビーフ餃子
  ・浜松セロリ餃子（季節限定）
  ・しそ餃子　ほか
  ※通信販売あり

\File no.31/

浜松

石松餃子 本店
いしまつぎょうざ ほんてん

こんな量でもたった1人で食べられちゃうんです！

浜松

　静岡でラジオ番組を持つようになってから、ファンにおすすめされたのが石松。11時のオープンと同時に、席の大半が埋まってしまうので、浜松餃子めぐりをするなら、石松は早めに来るのがおすすめです。
　餡には、静岡県産の豚肉と、たっぷりのキャベツを使っています。豚肉の旨味とキャベツの甘みのコンビは、さっぱりとしているので、意外とたくさんの餃子を食べることができます。箸休めのもやしも嬉しい。そうして、たっぷり1人前を食べたはずなのに、お持ち帰り用も買ってしまったりします。石松の魔力、恐るべし！
　子ども用の椅子が用意されていたりして、家族で来店するお客様への心配りが素敵。たくさん食べても、お手頃価格なのも魅力的です。

01 女子でも20個は軽く食べられる。箸休めのもやしが、ちょうどいいアクセント　02 特製のタレは少し甘めで、餃子によく合う

この大きな看板が目印

03 大迫力の看板！　浜松に石松あり！　いつ来てもお店の外に、長い行列ができている

石松餃子 本店
（いしまつぎょうざ ほんてん）

静岡県浜松市浜北区小松1145-1
053・586・8522
11:00〜14:00
16:30〜21:00 (L.O 20:45)
水曜、木曜定休（変更の可能性あり）
http://www.ishimatsu-gyoza.jp/
・餃子
※通信販売あり

ここだけ 餃子女子トーク（ビール付き）

Girl's talk about GYOZA

ひたすら餃子を食べ続ける玉城ちはるが、餃子の師と仰ぐミュージシャンの真城めぐみさん。今回はたっぷりと餃子で女子トーク。場所は、東京は池袋の老舗・開楽。餃子をつまみながら、しょっぱなからビールをたっぷり飲んで、どんな話が飛び出すのか——。

Chiharu × Megumi

「まさかの開楽！」で対談が実現

玉城ちはる（以下ちはる） 対談場所の候補として、いくつか餃子のお店をピックアップしていただいたのですが、「開楽に決まりました」ってメールしたら、「まさかの開楽！」て返信が来たのですが。

真城めぐみ（以下めぐみ） 対談できるようなお店じゃないもの！ まさかこんなにきれいになって、個室まであるとは思わなかったわ。

ちはる 通っていたのは、ずいぶん前なんですか？

めぐみ 高校卒業してから23歳ぐらいまで、ずっと池袋だった。それで開楽にはいつも通ってて、味噌ラーメンと餃子のセットを食べていました。

ちはる えっ、ラーメンとセットでこの餃子ですか！（開楽の餃子は、10センチくらいあるジャンボ餃子）

めぐみ いや！ ラーメンはミニラーメンだから！

ちはる 20歳くらいだったから、食べられたんですね（笑）。

めぐみ　お金がなくて貧乏だったから、ボリュームがあるここの餃子をよく食べていました。お客さんも学生やサラリーマンばかりで、あまり女性客は見なかったかも。いまは違うと思うけど。

ちはる　創業が1954年だそうですから、昭和29年。もう60年、すごい老舗なんですね。お店を改装したのが、2014年の10月だから、まだ1年経ってないんですね。すごく入りやすいお店になって。

めぐみ　注文すると、すぐに餃子が出てくるんですよ。

ちはる　常に焼いてるんですね（笑）。お客さんがいっぱいいますし。

餃子女子、でも餃子はつくらない

ちはる　以前、ツイッターで長崎にいる、ってつぶやいたら、すぐに長崎の餃子のお店を紹介されたんですよ。どれだけ餃子のお店に行ってるんだと（笑）。

めぐみ　いやいや、私はいろんなお店に行くというより、決まったお店にずっと通うタイプだから。で、長崎と言えば、そこのお店しかない、という。

ちはる　私が行ったときは、お店が開いてなくて、入れなかったんですよね。

めぐみ　長崎の雲龍亭ってお店で、仕事で長崎に行ったときに食べたのよ。次にいつ行けるかわからないから、初めて行ったとき、1日で3回行ったかな。3回目のときにおばちゃんに「また来たの！」って言われて、りんごくれたの。「相当ニンニク臭いと思うから、これ食べな」って。

ちはる　1日3回（笑）。どんな餃子なんですか？

めぐみ　ふわふわの皮で、鍋に接してるところだけがカリカリなんですよ。そして、中の餡がとろとろなの。水気の多い餡が入ってる。そんな感じで、いまは薄皮の餃子が好きですね。

ちはる　羽根つき餃子とかですか？

めぐみ　羽根つきは、食べ過ぎて、それ以上食べられなくなった。

ちはる　そんなに（笑）。好きな食べ方って、ありますか？

めぐみ　最近やってるのは、お酢とラー油だけ。塩コショウとお酢という食べ方も流行ってるみたいですね。あれも美味しいと思います。あとは、豆板醤。水餃子なんかは、豆板醤で食べますね。本場の中国でもそうなんでしょ？

ちはる　でも、中国の人はみんな「何もつけずに食べてほしい」って言いますね。

めぐみ　日本みたいに辛いものをつけて食べないんだ。

ちはる　「餃子自体に味をつけているので、それだけで食べてほしい」と言いますね。

Profile

真城めぐみ　「ヒックスヴィル」のボーカリスト。ポップミュージック全般における豊富な知識と愛情にあふれた音楽世界で、今までに6枚のアルバムを発表している。2015年春からはヒックスヴィルと並行して真島昌利（G.Vo/ ザ・クロマニヨンズ）、中森泰弘（G.Vo/ ヒックスヴィル）と共に「ましまろ」を始動した。
ヒックスヴィル　http://hicksville-megu.at.webry.info/
ましまろ　http://www.mashi-maro.net/
Twitter　https://twitter.com/mashiromegumi

ヒックスヴィルは2014年秋に15年ぶりの新譜「WELCOME BACK」をリリース。ましまろは今秋にファーストアルバムのリリース＆全国ツアーが決定している。

めぐみ　家で焼いて食べるときは、さらにパクチーを刻んで山盛りにして食べます。焼き餃子でも水餃子でも欠かせないですね。

ちはる　それ、いいですね！

めぐみ　ただ、餃子自体は、自分ではつくらないんですよ。自分でつくっても美味しくないから、食べに行くんです。

ちはる　私も「餃子女子なら、自分でつくらないの？」って言われるんですけど、つくったことはあるけど、自分でつくった餃子を美味しいと思ったことがなくて（笑）。

餃子の好きなところ

ちはる　餃子の美味しい、美味しくないの基準は何ですか？

めぐみ　焼き方かな？　チェーン店とかだと、もっと美味しくなるのに、ということがあるんですよ。ちゃんと決められた通りに焼いてくれたら、毎回美味しくできるはずなのにって。中身よりも、美味しい焼き目を求めてるのかもしれない。

ちはる　それで言うと、私も中身じゃなくて、皮です。とにかく皮なんです。

めぐみ　中身も大事だけどね。

ちはる　もちろん。中身は大事なんですけど、皮も大事です。皮が厚くて、もちっとしている餃子が好きですね。だから、今日の開楽の餃子は、かなり好きな餃子です。

めぐみ　もっと焼いてあるといいな、と思ったとき、言えそうなお店なら「焦がしてくれ」って言いますよ。

ちはる　それ面白い！

めぐみ　なんとなくだけど、そういうことを言えそうなお店では「なるべく焦がしめで」と。ロイヤルホストのドリアは、絶対に「よく焼き」で頼むもの。

ちはる　ロイヤルホストで言えるの!?

めぐみ　「よく焼いて」って（笑）。そうしたら、真っ黒でぐつぐついってるのが出てきた（笑）。

ちはる　私もそれ言いたいな「よく焼いて」とか。

めぐみ　ロイヤルホストは大丈夫だよ。

ちはる　いや、餃子の話ですよ（笑）。「よく焼いて」って、言ってみたい。

めぐみ　言えるでしょう。「可能でしたら、よく焼きで」って。

ちはる　なんかちょっと、通っぽい。いままで思いつかなかった。

めぐみ　ほかの人の出てきた餃子を見てるの。よく焼きの傾向のお店か、焼き色が薄めのお店なのか。

いつまでも餃子はなくならない

ちはる　ツイッターなどでよく、「餃子が好き」と言ってますけど、何歳くらいから公言されていたんですか？

めぐみ　高校生くらいかな？

Girl's talk about GYOZA

ちはる 早い（笑）。
めぐみ 学校帰りに餃子を食べてたから。池袋の専門学校に通っているときは、学校を抜け出して餃子を食べに行ってましたね。
ちはる それは本物だ。私は足元にも及ばない（笑）。餃子女子、増えたらいいな、って思ってるんですよ。
めぐみ 1人で食べに行ってるの？
ちはる 私、基本1人ですね。昔から、ちょっと女性が入りにくい、男くさいお店でも、1人で行ってましたね。基本、餃子とビールで。
めぐみ そう、餃子とビール、あと紹興酒。
ちはる 最近、肉々しい餃子を出すお店だと、ワインを勧めてくることがあるんですよ。どうですか？ 餃子とワインというのは。
めぐみ いや、餃子とワインを合わせたことないですね。そもそも、ワインをあまり飲まないものだから。餃子はビール。
ちはる 基本は、ビール。
めぐみ そう、ホッピーかビール。とにかく安ければ、という感じで。
ちはる 早く酔いたいという感じですか（笑）。
めぐみ 本当はワインとか飲めたらいいんだけど、酔っちゃって全然ダメ。体に合わないの。この間も、蔓餃苑（パラダイス山元さんが店主の会員制の餃子店）に連れて行ってもらったんだけど。
ちはる 会員なんだ（羨ましそう）。
めぐみ いや、会員の人に連れてってもらったの。飲み放題なんだけど、瓶ビール2本でそれ以上飲めなくなっちゃって。朝から何も食べないで待機してたら、かえって食べられなくって。たぶん、一緒に行った人の中で、一番食べられなかったと思う。
ちはる 最近、雑誌で特集されたりして、餃子ブームかな、と思っているんですけど。

めぐみ そうかもしれないですね。いいことだと思いますよ。餃子だから、どんなにブームになって持ち上げられて、そのあと落ち込んでも、落ちきらないでしょ、餃子なら。餃子はずっとあるものだし、放っておけば、昔と同じような位置に戻るでしょ。
ちはる パンナコッタやナタデココのように、ブームが去ってダメになるようなこともなく。
めぐみ そうそう。だからブームでお店の人がひと稼ぎできるといいと思います。どうやっても餃子はなくなりませんから。

対談のお店

開楽 本店
東京都豊島区南池袋1-27-2
03・3985・6729
11:00～23:00（L.O 22:40）（月～木、土）
11:00～24:00（L.O 23:40）（金曜）
11:00～22:00（L.O 21:40）（日曜）
なし
http://kailaku.jp/
・ジャンボ餃子
※通信販売あり

\ File no.32 /

大阪 **ダオフー**
だおふー

月替わりの
餃子を食べに
毎月大阪まで
通いたい！

大阪

　お店の場所が新大阪駅より御堂筋線ですぐなので、全国への出張が多い私には、途中下車で寄れるのが嬉しい。お店はポップでおしゃれな内装なので、女性1人でも入りやすいと思います。

　中華料理の道に入られて26年という店長さんが、日本では珍しい中国野菜を広島の提携農家さんから仕入れて、本格中華料理を出してくれます。

　焼餃子は、国産にこだわった白菜のほか8種の野菜が入った定番の味で、あっさりとした味です。ほかにも、店長が考案する季節の野菜を使った月替わりの餃子があります。私が取材したときは、じゃがバター餃子で、岩塩やタバスコ、バジル塩をつけると相性抜群。一発でハマってしまいました。次の月替わり餃子が楽しみです。

ラー油は特製なのです

01 国産野菜にこだわった、柔らかい食感の焼餃子
02 八角の香りがする、女性の好みに合った特製ラー油
03 月替わり餃子のじゃがバター餃子は、お祭りのスナックみたい。バジル塩をかけると美味しい

04 広々とした店内は居心地がよくて、落ち着いて食事ができる
05 新大阪駅から電車で1本。途中下車で寄れる

ダオフー

大阪府吹田市豊津町1-50 香川花園ハイツ1F
06・6385・9964
11:30～14:30 (LO 14:00)
17:30～23:30 (LO 23:00)
火曜日定休
http://www.daofu.jp/

・焼餃子
・月替わり餃子

\File no.33/

大阪 黒豚餃子と酒菜厨房 どば屋
くろぶたぎょうざとしゅさいちゅうぼう　どばや

脂っこくない六白黒豚のコクと甘みが最高に美味！

大阪

昼は有名なメタルバンドの名前をもじったCALAYERというカレー屋さん。そのため、海外からのお客様も多く、ときにはスーツ姿のビジネスマンとごっついタトゥーの入った人が隣り合わせる光景が見られるとか。そして、夜になると、黒豚餃子のお店がオープンします。

六白黒豚餃子の餡は、キャベツなど7種の野菜とさっぱりした脂が特徴の六白黒豚を使い、コクと豚の甘みがしっかりあるのに、食後の脂っこさが一切ありません。2皿も食べても、胸やけもしませんでした。

餃子を食べていたら、豚とは違う甘みがあるのに気づきました。訊いたところ、きなこが少し入っているとのこと。特製の味噌ダレには、2種類の味噌とリンゴ酢が入っているので、さっぱりいただけます。

01 甘く、脂がさっぱりしている六白黒豚餃子　02 焼きたてを箸で割ると、薄い羽根がパリッと音をたてる

03 商店街から少し離れた場所で、知る人ぞ知るという雰囲気　04 多くの厨房を見たご主人の経験が生きている

黒豚餃子と酒菜厨房　どば屋
（くろぶたぎょうざ　しゅさいちゅうぼう　どばや）

- 大阪市中央区博労町3-4-9
- 06・7171・4138
- 18:00～23:00頃
- 日曜定休
- http://www.dobaya.com/
- 六白黒豚餃子

MAP

広島

おすすめ餃子 語り

ご当地アイドル **etto-etto** さん

広島市のど真ん中にあるのに、秘密基地？ 隠れ家？ みたいな雰囲気でゆっくりできちゃうステキ中華のお店『むしやしない』さん。私たちのファンイベントなんかもやらせてもらったり、色んなワガママを聞いてくれる優しいマスターはとってもイケメン♪ お昼はお得なお粥ランチもやってるので、女子でも気軽に入れちゃいます☆

ゆっくりと落ち着ける 広島の真ん中の隠れ家

RISA　ANNA　HARUKA

おすすめのお店
File no.36
むしやしない
P.106

えっとえっと　2014年春に結成した広島ご当地アイドル。グループ名の由来は、広島弁で『たくさん、いっぱい』を意味する「えっと」から。広島の魅力をえっとお伝えし、多くの人に笑顔をえっとお届け！ メンバー：水口梨沙／甲元遥香／山本杏奈

広島

おすすめ餃子 語り

ラジオパーソナリティ 一文字 弥太郎 さん

博多の鉄鍋餃子は、三角形の餃子を敷き詰めた曲線美が食欲をそそるが、「がんぼ」の鉄鍋餃子は、4本の円柱が並ぶ。その一本で三角形の餃子が軽く3つ、いや4つは入る大きさだ。野菜は、キャベツ、ニラ、青ネギ、白菜、玉ねぎ、さらに生姜、ニンニクのオールスター。それらを細かく刻み、豚ひき肉と混ぜ合わせる。仕込みも時間がかかる。季節によって野菜などの配合は変わる。生地は特注。ガツン系女子にもおすすめの逸品だ。

ビッグな鉄鍋餃子でガッツリといけるぞ！

おすすめのお店
File no.37
がんぼ
P.108

ICHIMONJI YATARO

いちもんじ・やたろう　三原市出身。謎のパーソナリティ。RCCラジオ 土曜朝7時〜10時54分『週末ナチュラリスト』担当。

\File no.34/

広島

餃子家 龍
ぎょうざや りゅう

知り合いと
来ました〜！
広島の餃子は
ネギたっぷり

広島

開店4年目と、まだ新しいお店ですが、新天地という繁華街のど真ん中にあることもあって、多くの若者で賑わっています。看板料理である餃子は、すでに4万食を突破しているそうです。

もともと餃子の皮やピザ生地などをつくる食品会社さんのお店だけあって、皮が本当に美味しい。私のおすすめは、米粉を使ったピリ辛米粉のゆで餃子。米粉の皮は、つるんとしていて、小麦粉に比べると、のどごしがいいのです。さらにピリっとした青山椒ソースと胡麻の風味がコクと辛みを演出しています。広島ではおなじみの葱まみれ焼き餃子も美味しいですよ。

広島では有名なますやみそとコラボした特製味噌ダレもあって、広島育ちの私には懐かしい味がしました。

実は意外と広いお店

01 つるんとしたのどごしが絶品の米粉のピリ辛ゆで餃子。皮が本当に美味しい
02 新天地公園からすぐ近くで、大通りに面した好立地にある
03 週末にもなると、1日に1400個は餃子を焼いている

女子会にもぴったり♪

04 広島産のレモンを使ったタレなど、広島愛が詰まっているお店。広島県民ならずとも一度来てほしい!

餃子家 龍 (ぎょうざや りゅう)

広島県広島市中区新天地1-18 立木ビル1F

082・249・7666

17:00〜翌2:00(月曜〜木曜)
17:00〜翌3:00(金・土・祝前日)
17:00〜翌1:00(日曜・祝日)

なし

・焼き餃子
・葱まみれ焼き餃子
・米粉のピリ辛ゆで餃子
・スープ餃子
・かりかり揚げ餃子

\File no.35/

広島 **餃子センター**
ぎょうざせんたー

これが本物の
広島餃子！
たっぷりの
ネギを食べろ

広島

このお店は、開店した昭和36年からずっと広島の繁華街を見つめてきました。1日1000個もの餃子を、優しそうな奥さんがお店を開ける前に包みます。
「夜のお姉ちゃんが昔はたくさん仕事帰りに来たんだよ！」と繁華街のおじちゃんらしいジョークを飛ばすご主人は、腱鞘炎になってもまだ、大きな中華鍋で餃子を焼き続けています。
　このお店で食べられるのは、本物の広島餃子。餃子の餡にたっぷりのネギを入れて、さらに大量の生のネギとタレを合わせて餃子を食べるのです。パリッと焼き上がった餃子と生ネギ。ものすごい、ネギ感です。初めての人はびっくりするんじゃないかな。一生に一度は食べてみてほしい。ハマる人はすっごくハマると思います。

01 大量の餃子を中華鍋で焼き上げる！　焼き上がった餃子は黄金色で、親子3代で食べにくる人もいる　02 知り合いの広島餃子女子は、水餃子もおすすめ！

03 開店からもう50年以上。外観からは、昭和の雰囲気が感じられる　04 カウンター越しにご主人と会話しながら飲むビールは格別

餃子センター
広島県広島市中区流川町5-27
082・243・1148
17:30～翌2:30(L.O)
不定休
・焼き餃子
・水餃子
・スープ餃子

\File no.36/

広島 # むしゃしない
むしゃしない

etto-etto 推薦
女子1人でも
来られちゃう
安心のお店♪

広島

「お値打ち中華とがぶ飲みワイン」と看板に書かれたこのお店の名前は「むしやしない」。お腹の虫に食物を与えるという意味で、"虫養い"と書くそうです。そう、高級中華料理ではなく、気軽に中華料理を楽しめるお店なのです。
「気軽なイタリアンのお店のような中華屋を目指した」と話す店長のお店には、女性がたくさん訪れます。女性が1人でも入りやすい、貴重なお店なのです。
「修行したお店の水餃子が本当に美味しかった」と、修行先の水餃子を目指してつくった水餃子は、ネギ以外にザーサイやショウガも入った、体にやさしい一品です。その一方で、塊で仕入れた肉を叩いて、粗びきにしたお肉の旨味もしっかり感じ、肉食女子の食欲にも応えているのです。

もちろん皮は手づくり

01 体があったまる、たっぷりのショウガが利いたもちもち水餃子 02 こだわりの皮は、研究を重ねてつくられた。こねたあとは、丸1日寝かせて、弾力を生み出す 03 厚めのもっちりした皮は、しっかりと茹で上げる

冷えたワインをどうぞ

04 お値打ち中華に合う、がぶ飲みできるワインをそろえている。たっぷりとワインと中華料理を楽しんで

むしやしない

広島県広島市中区新天地2-8-3F
082・236・7064
12:00〜14:00
18:00〜翌1:00
不定休
http://ameblo.jp/mushi-yashinai/
・もちもち水餃子

\File no.37/

広島 **がんぼ**
がんぼ

広島の餃子は
ネギたっぷり
この味が
いいんよねぇ

広島

　がんぼのオーナー・山田幸成さんは、『普段使いの広島酒場　フダヅカ』（本分社刊）という本の著者として広島では有名。美味しいものを食べたいときは、山田さんに聞くのが一番と言われるほどの食通です。

　そんな彼のお店が、がんぽです。このお店で出している餃子は、1つの鉄鍋で、茹で、蒸す、焼くを行っています。最後にラードをかけて、パリッと仕上げます。

　パリパリの棒餃子の中には、広島では欠かせないたっぷりのネギが入っています。これを、みりんの甘さをほのかに感じる酢醤油にじゃぶじゃぶとつけて食べるのが、おすすめの食べ方。牛と豚の合いびき肉を使っていますが、たっぷりのネギで口がさっぱりするので、しつこくなく、いくつでも食べられます。

この鉄鍋ですべて行う

01 17年間ずっと焼き餃子を鉄鍋で焼き続ける、広島で一目置かれる食通
02「茹で・蒸す・焼く！」これを鉄鍋で一気に行うのがポイント　03 知り合いの広島餃子女子と一緒に、絶品の焼き餃子を味わう

呉のわんぱくがいるよ

04　広島に観光に来たら、呉まで足を運んで餃子を！ちなみに、がんぽとは、広島弁でわんぱくのこと

がんぼ

広島県呉市広本町1-11-33
0823・74・2062
17:00〜23:00（火曜〜土曜）
17:00〜22:00（日曜・祝日）
月曜定休（不定休あり）
・焼き餃子

『普段使いの広島酒場　フダヅカ』（本分社刊）

福岡

おすすめ餃子 語り

ミュージシャン **balconny** さん

朝5時まで開いているので、ライブの打ち上げ後の打ち上げでよく利用しています。おすすめのメニューは、たくさんあるのですが、餃子を食べたときの衝撃はいまでも忘れられない。あっさりとした鶏ミンチに軟骨の歯ごたえ、そして大葉の風味。皮も手づくりでモッチリカリカリ。お腹がいっぱいでもスッと口に入る軽さとジューシーさは、餃子専門店にも引けを取らないクオリティで、行けば必ずと言っていいほど食べます。

あっさりの鶏ミンチと軟骨の衝撃的な餃子

BALCONNY

おすすめのお店
File no.38
炭火やきとり
TAN
P.112

ばるこにー　Sachie (Vo)、ためぞう (Dr)、チャーリー (Gt)、よんす (Ba) の4人で福岡を中心に活動。2014年にファーストアルバム「Lucky travelers」をリリース。2014年9月より八女市茶のくに親善大使として、福岡県八女市のPRをしながら各地を飛び回る。

福岡

おすすめ餃子 語り

ラジオパーソナリティ **Sakiko** さん **佐藤 ともやす** さん

パリパリでプルンッ 本場の餃子が味わえる

こ のお店は、大きめでもちもちした皮の食感が魅力です。焼き餃子は片面がパリパリで水餃子はプルンッとした食感。

SAKIKO

ふ とした時に「そうだ、李、行こう」という気持ちになります。ここは日本かと思う程の雰囲気。店員さんの活気。お客さんの笑顔。確実に元気になれます。

肉汁たっぷりで とってもジューシー！

SATO TOMOYASU

おすすめの お店

File no.43
餃子李
P.122

さきこ　ラジオDJのほかナレーションなども。担当するラジオ番組は『Music x Serendipity』(Love FM　水〜金16:00〜20:00) など。

さとう・ともやす　福岡を中心にラジオDJ、ナレーター等で活動中。近年では「リアル脱出ゲーム」の九州地区司会でも知られる。

\File no.38/

福岡 炭火やきとり TAN
すみびやきとり たん

熱々の鉄板と
コリコリした
歯ごたえの
軟骨が決め手

福岡

「いまね、TANでみんなと焼酎呑みよるよ」は、福岡のミュージシャン友達balconnyの口グセ。私も福岡でライブを行うたびに、3軒ほどはしごして、最後はここで餃子を食べてしまいます。

　朝5時まで営業というのも、ライブで夜遅くなるミュージシャンには嬉しい。TANは、歌いきって、騒いで疲れた体を癒やしてくれるのです。ちなみにTANは、炭火焼き鳥屋さんですが、餃子が美味しい。粗びきの鳥軟骨が餡に入っていて、コリコリする食感の餃子はここで初めて体験しました。熱した鉄板に乗って出てくるので香ばしく、柚子コショウとの相性が抜群。さっぱりと酢醤油で食べてもいいですが、私は、柚子コショウをつけて、パリッ、ピリッ、コリッと刺激を楽しむ食べ方が好きです。

01 大分から取り寄せる手づくりの柚子コショウと餃子の相性は抜群　02 ミュージシャンとの打ち上げはいつもここ

朝の5時まで営業！

03 駅から徒歩1分という立地と、朝5時まで営業という魅力で、いつもここから帰れなくなってしまう

炭火やきとり TAN（すみびやきとり たん）

📍 福岡県福岡市中央区草香江1-4-3
📞 092・771・7210
🕐 18:00〜翌05:00（月〜土・祝日）
休 日曜定休（月により変動あり）
🌐 http://tan2004.web.fc2.com/
・鉄鍋鶏ギョーザ

113

\File no.39/

福岡 **蘇州** 県庁前店
そしゅう　けんちょうまえてん

> 餡に仕込んだ
> 特製スープの
> 旨みが体内を
> 駆け回る感覚

福岡

弾力のありそうな皮を見ただけで、本場の味だと直感できる水餃子を出すお店です。蘇州の県庁前店は、開店してから30年という老舗です。香港出身だったご主人のお父さんが開かれたお店で、小学生のころから職人さんに混じって餃子を包んでいたそうです。餃子の種類ごとに皮を変えるそうで、いろいろな餃子を包むところを見せてもらいましたが、素早く餃子を包む熟練の技に圧倒されてしまいました。

餃子の餡には、豚の粗びきに白菜、白ネギ、ニラ、ショウガ、紹興酒が入り、さらに数日間仕込んだ特製のスープが加わります。ひと口食べると、餃子から旨味があふれ出して、体中に広がっていくように感じます。何もつけずに、この餃子の味を楽しんでください。

01 口の中で肉汁があふれ出る、ジューシーな肉のゆで餃子 02 おすすめは辛味スープ餃子。甘い肉汁とピリ辛スープのハーモニーが楽しめる

03 ご主人の皮に対するこだりと技に誇りを感じる 04 店内には広々としたお座敷もあるので宴会にもおすすめ

蘇州 県庁前店
（そしゅう けんちょうまえてん）

- 福岡県福岡市博多区千代4-29-10
- 092・641・2074
- 11：30〜15：00（L.O 14：45）（月曜〜金曜）
  17：00〜24：00（L.O 23：00）（月〜土・祝日）
- 日曜定休（予約のみ）
- http://www.facebook.com/152986521396949

- 肉のゆで餃子
- 魚のゆで餃子
- 辛味スープ餃子
- 魚の揚げ餃子
- 焼餃子

\File no.40/

福岡 **もつ幸**
もつこう

もつ鍋の旨みを吸い込んだ餃子は絶品！言葉が出ない

福岡

01

もつ幸は、某有名芸能人が福岡を訪れる度に足しげく通うという、もつ鍋屋さん。予約がなかなか取れないことで有名です。

調理前のもつ鍋の中央に、餃子の皮が鎮座しています。餃子好きの私は、これを見ただけで嬉しくなります。まずは、コクがありながらも、あっさりとしたもつ鍋を酢醤油と柚子コショウでいただきます。ある程度食べたところで、餃子を投入。もつと野菜の旨味が出たスープを、餃子がぎゅうっと吸い込みます。この旨味が、餃子を口にした瞬間に広がるのです。美味しくないわけがない！ 柚子コショウをつけると、少し味が変わって、これまた美味しい。

〆は、麺を入れて、スープがなくなるまで煮詰めたチャンポン。満腹でも食べてしまう絶品の料理です。

02

餃子が旨味を吸い込む

01 煮込む前の鍋。餃子はもちろん、皮だけでも追加注文が可能 02 もつ鍋に餃子を投入。プリップリのもつと餃子の相性は最高 03 〆はチャンポン。もつ鍋の旨味をたっぷりと吸い込んだ麺が美味しい

03

04
05

04 話上手な美人女将と、音楽好きでイケメンの2代目主人 05 お店は3階まであり、多くの有名人が来店する

もつ幸

🏠 福岡県福岡市博多区綱場町7-14
📞 092・291・5046
🕐 17:00〜24:00 (L.O 23:30)
　　17:00〜23:00 (L.O 22:30) (祝日)
🚫 日曜定休
💻 http://motsukou.blog.fc2.com/

・鍋 ギョーザの皮追加
・鍋 水ギョーザ追加
・焼きギョーザ

MAP

\File no.41/

福岡　**池田屋**
いけだや

博多に来たら
鶏ガラスープ
でぐつぐつと
炊いた餃子を

福岡

デートで連れて来られたら嬉しい、隠れ家のようなお店です。「スープ文化の博多で、餃子もスープで炊いて気軽に食べて欲しい」と店長さん。池田屋の餃子は、スープで餃子を煮込んだ炊き餃子なのです。

5時間かけて煮込んだ鶏ガラベースのスープは、とろみがあるのに、まったくしつこくなく、さっぱりとした味わい。宮崎県産の地鶏を炭火で焼いてみじん切りにして野菜と混ぜ合わせた餃子の餡は、食感と香りが楽しめます。この餡を、もっちりとした皮で包み、下茹でしてから鍋で炊きます。大量のネギをかけ、ぐつぐつと沸き立つ状態でテーブルに。

スープの旨味を吸った餃子を、熱々のうちに口へ運ぶと、地鶏の旨味が口いっぱいに広がる、至福の時間が！

01 餃子を下茹でしてからスープで炊き、熱々のまま出てくる

02 珍しい真っ黒な柚子コショウ。竹炭が混ざっている。とがった辛味はない

池田屋

📍 福岡県福岡市中央区大名1-4-28
📞 092・737・6911
🕐 18:00〜23:00 (L.O 22:30)
🈺 不定休
🍴 ・炊き餃子

〆はおじやも選べるよ

03 炊き餃子と一緒に飲むなら、すっきりした地酒「若波」の冷酒がおすすめ　04 〆のチャンポンは、大量のネギでさっぱりとさせていただく

\File no.42/

福岡　ぎょうざ一番
ぎょうざいちばん

おすすめは
小エビが
プリップリの
えび焼き餃子

> 福岡

福岡では、ちょっと小ぶりで、パリッと焼き上げた、ひと口餃子が地元の味として愛されています。開店から28年のぎょうざ一番では、先代の味を受け継いだ息子さんが、いまも「これぞ博多の味！」と言うべき、ひと口餃子をつくっています。

玉ネギと豚の肩肉の粗びきをこね合わせた餡は、歯ごたえもよく、ほんのりスパイシーな味わいです。焼き上がった餃子は、全体がパリッと香ばしい。口に残る甘みが餃子を次々と口に運んでゆきます。小ぶりな餃子ですが、女性でも30個くらいは普通に食べられるかもしれません。

小エビがたっぷりと入っているえび焼き餃子は、プリップリで、これまた食べ出したらまったく止まりません。柚子コショウをつけると、さらに美味しくなります。

お肌ぷるぷるになる？

01 豚足を3日煮込んだ限定のスープ餃子は、コラーゲンがたっぷり入ってる　02 味つけは和風で、さっぱりと食べられる　03 20個もあった餃子をペロリ。小ぶりな餃子なので、一度に2個くらい食べられる

04 お店には2階もあって、宴会もできる広さがある。週末は家族連れで賑わう　05 毎日3000個はつくる2代目のイケメン店長

ぎょうざ一番（いちばん）

福岡県福岡市早良区弥生1-4-1
092・843・9329
17:00〜翌1:00
不定休

- 焼き餃子
- 水餃子
- えび焼き餃子
- いか焼き餃子
- コラーゲンスープ餃子
- うちあげ えびニラ水餃子

\File no.43/

福岡 # 餃子李
ぎょうざりー

ボリューム感たっぷりの本場の餃子でカンパ〜イ！

福岡

「台北の家庭の味だよ。子どものころ来ていた人が、今度は子どもを連れてきたり、転勤した人も出張のたびに通ってくるよ」と話すのは、餃子李のお母さん。

お店には、日本人だけでなく中国人のお客さんもいっぱい。とても賑やかで、テンションが上がります。

さっそくいただいた水餃子からは、注意していても洋服を汚してしまいそうなくらい肉汁が飛び出します。餃子の皮は、食べ応えのある厚い皮で、甘みを感じます。餡は、豚肉、キャベツ、ネギ、ショウガとシンプル。肉が多めです。焼き餃子は、焼き目をつけた側はパリパリ、反対側はモチモチとした食感で、これまた美味しい！　明るいお母さんと話をしていたら、お腹も心も満たされました。

モッチモチの水餃子♪

01 鶏ガラスープがあふれ出る、絶品の小籠包　02 皮が厚く、本場の水餃子そのもの。ボリュームたっぷりで満腹になる　03 揚げ餃子の皮も厚めで、まるでピロシキのよう。香ばしくてとても美味しい

04 少ない日でも1日100個くらいは、餃子を包んでいる　05 餃子李を絶賛する、仲良しのラジオDJの2人に連れられてきました

餃子李 (ぎょうざりー)

- 福岡県福岡市中央区薬院3-1-11
- 092・531・9356
- 11:30～14:30
  17:00～23:00 (L.O 21:50)
- 火曜定休
- http://www.gyouza-lee.com/
- ・焼きぎょうざ
  ・水ぎょうざ
  ・蒸しぎょうざ
  ・野菜のぎょうざ
  ・揚げぎょうざ

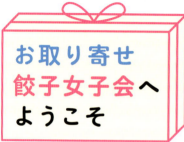

お取り寄せ餃子女子会へようこそ

餃子のいいところは、お取り寄せで日本中の餃子を食べられること。本書で紹介したお店の中には、通信販売をしているところもあるので、家にいながらにして、お店の味を楽しめます。日本中の餃子を集めて、女子会でもやってみる？

ぎょうざのカネ藏

http://www.yuto-kanekura.jp/

本書の88ページでも紹介した、浜松の餃子屋さん。せっかくの通信販売なので、お店では食べなかった、ちょっと変わった味の餃子を買うのもいいでしょう。ちなみに、ポーク餃子は、モンドセレクションの銅賞を受賞しました。

🎁 ポーク餃子
（ニンニクなし）

人気のポーク餃子のニンニクなしです。これなら翌日、人と会う予定があっても餃子が食べられます。女性にも嬉しい。

🎁 オヤジのススメ ビーフ餃子

その名の通り、牛肉を使った餃子です。スパイシーな味つけがポイント。この味が、とてもビールに合うのです。

🎁 海老ぎょうざ

エビの風味を生かせるように、ニンニクは入っていません。ぷるぷるした歯ざわりがして、とっても美味しい。

🎁 つるりん餃子

これは水餃子用。焼き餃子よりも皮が厚めで、その名の通り、つるっと食べられる。氷水で冷やして食べてるのもグッド。

🎁 セロリぎょうざ

冬から春にかけての期間限定商品。浜松産のセロリを使った餃子で、キャベツなどと比べて、また違った風味がある。

これ以外にもたくさん種類があるよ

焼くだけで、家でもお店の味が楽しめちゃう

じゅ〜

これは美味しい！

ぎょうざの宝永 苫小牧
http://shop.gyouza-houei.jp/

北海道の音更町にあった食堂の餃子が人気を博し、瞬く間に餃子専門店になりました。道内の素材を使いつくられたこだわりの餃子で、モチモチの皮と豚と鶏のミンチが入った餡が特徴。専用のタレも売ってます。

宝永餃子
ぎょうざの宝永のスタンダードな餃子です。肉汁をぎゅっと閉じ込めた厚い皮が美味。モチモチとした皮ですが、焼き目のついた面はパリッとします。

宝永チーズ餃子
宝永の餃子の餡に、刻んだチーズが練り込まれています。それだけでなく、真ん中にはサイコロ状のチーズまで。チーズの濃厚な味が口に広がります。

はちやの餃子
http://www.hachiya-foods.co.jp/

創業が大正13年、餃子にこだわり続けて50余年。野菜ソムリエの4代目社長が、宮城県を中心に厳選した野菜を使った、こだわりの餃子を販売しています。野菜の美味しさを存分に味わえる餃子が食べられます。

はちやの餃子
厳選された野菜がたっぷりと入った、定番の餃子。まずは、野菜の美味しさを味わうために、タレなしで食べてみてください。

まんまるもちもち水餃子
お湯で8分間茹でるだけ。皮のモチモチと、具のジューシーさを味わえる水餃子。スープ餃子にしたり、お鍋の具にしても美味しい。もちろん焼いてもOK。

餃子のヨコミゾ

http://gyouza-yokomizo.com/

化学調味料や保存料、着色料を使わず、自然そのものの美味しさにこだわってつくっている、ヨコミゾの通信販売用の餃子です。主に生協や学校に卸している会社ですが、餃子は通信販売で購入することができます。

🎁 活菜餃子

国産の豚と国産の野菜で餡を、国産の小麦粉で皮をつくっています。あっさりとしているので、何個でも食べられます。

まるおかのぎょうざ

http://shop.gyo-za.co.jp/

もともとは食肉店を営んでいましたが、惣菜として販売した餃子が大人気に。クール宅急便の開始で全国に販売できるようになると、人気は全国レベルになりました。シンプルながら飽きのこないのが、まるおかの餃子です。

🎁 ぎょうざ

不動の大人気商品。ただ、冷凍ではなく、生餃子なので、届いたらすぐに調理して食べよう。タレも一緒に購入できます。

美味しい〜!!

食べ比べると、餃子の味って意外と違うのね

あ と が き

　「はじめに」で書いたように、私はもともと水餃子女子でした。「餃子といえば水餃子！　それが本場なんだから、ほかの餃子は違う！」と自分の中で意地のようなものがありました。しかし、餃子を食べ歩くうちに、焼き餃子というものは、もはや日本の食べ物と言ってもいいのではないかと思うようになりました。ネギをたっぷりのせて食べる広島餃子や、もやしで箸休めする浜松餃子がある一方で、福岡にはひと口サイズの餃子や、もつ鍋で炊く餃子があったりします。その土地ごとに、特徴のある餃子があるのです。もう餃子は、日本の食文化の1つです。この本を読まれた方は、ぜひ掲載されているお店を訪ねてください。日本の餃子文化の奥深さ、お店のこだわり、餃子の幅広さを実感できるはずです。本書での取材では、私の餃子ルール「餃子のハシゴはしない！　なぜなら餃子に失礼だから」を破って、餃子の取材に臨みました。おかげで、「1日ではしごできる餃子店は、3軒まで」という新しい餃子の法則を発見しました。また取材中に、人生初の交通事故に遭いました。それにより「事故直後の餃子はちょっとしんどい」ことを学ぶことができました。週5で餃子を食べられる私が言うのだから、本当です。本書の取材では、どのお店にもとても親切にしていただきました。お忙し中、取材をさせていただき、ありがとうございます。私は、第2弾へ向けて、これからも新しい餃子との出会いを求めていきます。今後も変わらぬ応援を、よろしくお願いします。

Special Thanks

福岡／三宅信雄さん、南部千賀子さん、山口潤さん、阿部栄二さん、八尋みどりさん、小林弘尚さん　**広島**／作間葵さん、渡邊由起子さん　**静岡**／小川けいこさん、山田郁美さん、斉藤真紀さん　**東京（お取り寄せメンバー）**／秋田愛梨さん、佐藤悠さん、阿久津由美さん、小池麻実さん　**KITCHEN TACHIKICHIのお客さん**／徳光勝美さん、ワタナベカズエさん、小池麻実さん、佐藤悠さん　**餃子パーティー**／齊藤愛子さん、平井亜樹さん、豊田高嘉さん、実佳さん、瑠花さん、瑞樹さん、小田岩夫さん、百合子さん、光信さん、高丸未来さん、斎藤麻美さん、西川聡さん、矢作哲夫さん、畠田喜丈さん、由美子さん　**仙台**／田村日登美さん　**北海道**／福由樹子さん、桜庭和さん、小村康次さん、岩山隆児さん　**KITCHEN TACHIKICHI**／貴志暁さん

Profile

玉城 ちはる(たまき ちはる) 広島県出身のシンガー・ソングライター。映画音楽の制作、CMへの楽曲提供をはじめ、ナレーション、ドラマやゲーム音楽を手がける。また、アジア地域の留学生支援活動として「ホストマザー」を行い、公益財団法人日本ユースリーダー協会の第5回「若者力大賞～ユースリーダー賞」を受賞。

餃子女子

2015年8月31日　初版第1刷発行

著者	玉城ちはる
編集	株式会社フロンテア
装丁・DTP	mill design studio
メイク	阿久津由美
撮影	斎藤　泉／中鉢貴啓／鈴木政宏／佐々木信也／武　典雄／玉置明人／倉本雅史／二宮啓行／菅　大紀／Fujiko Karimata／土橋一夫
撮影協力	櫻井　剛／足立　守／長屋裕二
衣装協力	chainus、ワタナベカズエ
アクセサリー協力	世界観のある花屋 TONONAKA miji 華bana
起案	土橋一夫(SHY GLANCE, INC.)
発行者	黒田庸夫
発行所	株式会社ラトルズ

〒102-0083　東京都千代田区麹町1-8-14 麹町YKビル3階
TEL　03-3511-2785　FAX　03-3511-2786　http://www.rutles.net

印刷・製本　株式会社ルナテック

ISBN978-4-89977-437-2
©2015　Chiharu Tamaki
Printed in Japan

【お断り】
●本書の一部または全部を無断で複写複製することは、法律で認められた場合を除き、著作権の侵害となります。
●本書に関してご不明な点は、当社Webサイトの「ご質問・ご意見」ページ (http://www.rutles.net/contact/index/php) をご利用ください。
電話、ファックス、電子メールでのお問い合わせには応じておりません。
●当社への一般的なお問い合わせは、info@rutles.net または上記の電話、ファックス番号までお願いいたします。
●本書内容については、間違いがないよう最善の努力を払って検証していますが、著者および発行者は、本書の利用によって生じたいかなる障害に対してもその責を負いませんので、あらかじめご了承ください。
●乱丁、落丁の本が万一ありましたら、小社営業宛てにお送りください。送料小社負担にてお取り替えします。